FIFTH AVENUE 5

Vom Kaufhaus Bergdorf Goodman bis zum Rockefeller Center präsentieren sich auf dem legendären Boulevard Luxusläden

Tipp: Besonders die Festbeleuchtung zur Weihnachtszeit bietet unzählige Motive

➤ S. 44

EMPIRE STATE BUILDING 6

Atemberaubender Überblick über Manhattan und ein gigantischer Rundblick ins Land

Tipp: Das Sonnenaufgangs-Ticket buchen – und das perfekte Fotolicht ist garantiert

➤ S. 44

MUSEUM OF MODERN ART 7

Das Museum beherbergt die weltweit bedeutendste Sammlung moderner Kunst. Wer hier ausstellt, ist ganz oben!

➤ S. 50

CENTRAL PARK 8

Von Fahrradtouren bis „Shakespeare in the Park“: Nirgendwo sind die Freizeitaktivitäten facettenreicher als in New Yorks grüner Oase (Foto)

➤ S. 51

GUGGENHEIM MUSEUM 9

Frank Lloyd Wrights architektonischer Klassiker: ein extravagantes Museum

➤ S. 54

BROADWAY-MUSICALS 10

Von „Hamilton“ über „The Book Of Mormon“ bis zu „Der König der Löwen“ – der Broadway boomt und für jeden Geschmack ist etwas dabei

➤ S. 112

INHALT

BESSER PLANEN MEHR ERLEBEN!

Digitale Extras
go.marcopolo.de/app/new

	Besuch planen		Bei Regen
€–€€€	Preiskategorien		Low Budget
(*)	Kostenpflichtige Telefonnummer		Mit Kindern
			Typisch

(A2) Herausnehmbare Faltkarte
(0) Außerhalb des Faltkartenausschnitts

NEW YORK

INSIDER-TIPP
Deine Abkürzung ins Erleben!

Reisen mit MARCO POLO Insider-Tipps

MARCO POLO TOP-HIGHLIGHTS

HIGH LINE ★1
Der Park befindet sich auf einer ehemaligen Hochbahntrasse in Chelsea – und ist der perfekte Ort für City-Pausen: mit Hudson-Blick und Liegestühlen

📷 *Tipp: Auf Höhe der 26. Straße bietet eine alte Reklametafel den perfekten Rahmen für eine Stadtansicht*

➤ S. 42

BROOKLYN BRIDGE ★2
13 Jahre brauchte es für den Bau, 30 Minuten dauert der Spaziergang über die „Kathedrale aus Stahl" über den East River

📷 *Tipp: Für die besten Skyline-Fotos solltest du von Brooklyn nach Manhattan laufen*

➤ S. 30

9/11 MEMORIAL ★3
2791 Menschen starben 2001, als die beiden Türme des World Trade Center zusammenstürzten. Ein Ort der Besinnung und Erinnerung an die Opfer des Terroranschlags – im Schatten des höchsten Gebäudes der westlichen Welt, des One World Trade Center

➤ S. 32

STATUE OF LIBERTY ★4
Seit 1886 Freiheitssymbol der Stadt und des Landes: Lady Liberty im New Yorker Hafen

📷 *Tipp: Vielleicht mal nur die Strahlen der Krone? Die Überraschung liegt hier im Detail*

➤ S. 34

MARCO POLO TOP-HIGHLIGHTS
2 Die 10 besten Highlights

DAS BESTE ZUERST
8 ... bei Regen
9 ... Low-Budget
10 ... mit Kindern
11 ... typisch

SO TICKT NEW YORK
14 Entdecke New York
19 Auf einen Blick
20 New York verstehen
23 Klischeekiste

26 SIGHTSEEING

30 Lower Manhattan
36 Chinatown, Little Italy & Soho
39 Greenwich Village, East Village, Lower East Side & Chelsea
43 Midtown
51 Uptown & Central Park
58 Brooklyn
62 Außerdem sehenswert
67 Ausflug

68 ESSEN & TRINKEN

86 SHOPPEN & STÖBERN

102 AUSGEHEN & FEIERN

AKTIV & ENTSPANNT

126 Sport, Spaß & Wellness
128 Feste & Events
130 Schöner schlafen

ERLEBNISTOUREN

136 New York perfekt im Überblick
140 Fremde Welten
144 Downtown entdeckt sich neu
147 Vom Besten das meiste
150 Bildhübsches Brooklyn

GUT ZU WISSEN

154 **DIE BASICS FÜR DEINEN STÄDTETRIP**
Ankommen, Mobil sein, Vor Ort, Notfälle, Wettertabelle
164 **SPICKZETTEL ENGLISCH**
Nie mehr sprachlos
166 **NEW YORK-FEELING**
Bücher, Filme, Musik & Blogs
168 **TRAVEL PURSUIT**
Das MARCO POLO Urlaubsquiz
170 **REGISTER & IMPRESSUM**
172 **BLOSS NICHT!**
Fettnäpfchen und Reinfälle vermeiden

DAS BESTE ZUERST

Pulsierende Lebensadern aus Licht durchziehen Downtown Manhattan

BEST OF

BEI REGEN

SCHÖN, AUCH WENN ES REGNET

DURCH DIE JAHRTAUSENDE DER WELTKUNST REISEN

Ob ägyptische Tempel, amerikanische Malerei oder extravagante Mode: In der weltweit einzigartigen Sammlung des *Metropolitan Museum of Art* kann man Wochen verbringen – ohne Langeweile.

➤ S. 52

JAZZ GENIESSEN

Marjorie Eliot gibt in ihrem Wohnzimmer jeden Sonntag ein Jazz-Konzert – und du sitzt bei *Parlor Entertainment* mittendrin. Zwischendurch erzählt sie aus ihrem Leben oder reicht Saft. Ein wunderbarer (Regen-)Nachmittag!

➤ S. 118

16 KILOMETER BÜCHER DURCHSTÖBERN

Seltene Kunstbände, Bestseller, Kinderbücher, dazu Lesungen und Diskussionsveranstaltungen: Der *Strand Book Store* ist ein Paradies für Literaturfans.

➤ S. 91

DURCH EINE ALTE FABRIK SCHLEMMEN

Früher wurden im Bau des *Chelsea Market (Foto)* Oreo Cookies hergestellt, heute kannst du sie hier kaufen – und dich inmitten von renoviertem Industriecharme durch Brownies, Hummer, Burger, Tacos oder Pasta schlemmen.

➤ S. 91

SPORT AM FLUSS MACHEN

Tanzen, bowlen, Basketball spielen, klettern, schwimmen, das Golf-Handicap verbessern? Das alles und noch viel mehr geht in den *Chelsea Piers*, dem riesigen Sportcenter am Hudson River.

➤ S. 126

KAFFEE TRINKEN MIT AUSBLICK

Bestelle bei *Amy's Bread* einen Milchkaffee – und betrachte durch die großen Scheiben das Leben in Hell's Kitchen mit seinen alten Häuschen und bunt gemischten Bewohnern.

➤ S. 72

BEST OF
LOW-BUDGET

FÜR DEN KLEINEN GELDBEUTEL

KUNST-TEMPEL ZUM SPARTARIF
Normalerweise kostet das *Guggenheim Museum* stolze $25 Eintritt. Samstags zwischen 18 und 20 Uhr kommst du aber ganz umsonst oder gegen eine kleine Spende in den Kunst-Tempel.
➤ S. 50

SO VIEL MEHR ALS EINE FÄHRE
Die *Staten Island Ferry (Foto)* ist eine kostenlose Fähre, die Manhattan mit dem südlichen Stadtteil vebindet. Misch dich unter die Pendler und genieß atemberaubende Blicke auf die Skyline und die Freiheitsstatue.
➤ S. 35

CITYTOUR MIT EINHEIMISCHEN
Big Apple Greeters nennen sich die New Yorker, die dir herzlich, engagiert und völlig kostenlos ihre Heimatstadt zeigen. So lernst du nicht nur die Metropole kennen, sondern machst auch neue Bekanntschaften.
➤ S. 160

GOSPEL MIT GÄNSEHAUT-GARANTIE
Sonntags geht es zum *Gospelgottesdienst* nach Harlem – nirgendwo ist der Gesang beeindruckender und nirgendwo sind die Sonntagskleider eleganter als hier.
➤ S. 62

MINI-BÜHNE UND MAXI-MUSIKGENUSS
Jazz, Weltmusik oder osteuropäische Beats: Der kleine, aber umso spannendere Club *Barbés* in Brooklyn bietet exzellente Musik, die du ohne Eintritt genießen kannst.
➤ S. 114

FIESTA UNTER DER HOCHBAHN
Köstliche und günstige Tacos knabberst du beim Food Truck *Birria-Landia* in Queens – sogar die New York Times schwärmt von den Schnäppchen-Happen mit Mexiko-Würze.
➤ S. 80

BEST OF
MIT KINDERN

SPANNENDES FÜR GROSS & KLEIN

IM MUSEUM ABENTEUER ERLEBEN

Ein Wal hängt von der Decke und in der Lobby kämpfen zwei Dinosaurier-Skelette miteinander: Das *Museum of Natural History* ist ein Kinderparadies – und so groß wie zwei Häuserblocks.

➤ S. 55

SO VIEL MEHR ALS EIN PARK

Im Sommer Vorlesestunden, Outdoor-Kino und Karussell, im Winter Schlittschuhlaufen: Der *Bryant Park* im Herzen von Manhattan bietet hochwertiges Endlos-Entertainment.

➤ S. 45

VOR DER SKYLINE AUF DIE INSEL SCHWEBEN

Schon U-Bahn-Fahren finden viele Kinder aufregend – aber es geht noch besser: in einer *Gondel nach Roosevelt Island (Foto)* schweben!

➤ S. 51

MIT FISCHEN SCHWIMMEN

Karussells drehen sich normalerweise vor allem im Kreis. Aber an der Südspitze Manhattans steht mit dem *Seaglass Carousel* ein ganz besonderes: Die kleinen Gäste sitzen nicht auf Pferdchen oder Feuerwehrautos, sondern in bunt leuchtenden Fischen. Ganz sanft geht es in alle Richtungen, Musik- und Lichteffekte machen das Eintauchen in die Unterwasserwelt vollends realistisch.

➤ S. 34

BAUKLÖTZE STAUNEN – UND WAS TOLLES DRAUS BAUEN

Natürlich kannst du im *Lego Store* auch einkaufen, aber das Beste ist: Du musst nicht! Stundenlang dürfen die Kids umsonst mit den bunten Steinchen spielen und die riesigen Lego-Skulpturen bestaunen. Außerdem organisieren die Mitarbeiter immer wieder Bespaßungs-Veranstaltungen.

➤ S. 96

BEST OF

TYPISCH

DAS ERLEBST DU NUR HIER

NEUES LEBEN AM ORT DES TERRORS

Das ergreifende *9/11 Memorial* für die Terroranschläge vom 11. September 2001 ist der Beweis, dass New York sich nie unterkriegen lässt: Wasserfälle ergießen sich in zwei riesige Auffangbecken, die an der Stelle der ehemaligen Twin Towers liegen.

➤ S. 32

GEWIMMEL IM LICHTERMEER

Nirgendwo wuseln die Menschen und Autos in New York so durcheinander wie am weltberühmten *Times Square*. Da ein Teil des Platzes inzwischen Fußgängerzone ist: Mach es dir auf Treppenstufen oder Stühlen bequem und lass das Gewimmel im Lichtermeer ganz entspannt auf dich wirken.

➤ S. 49

SUPERLATIV-SHOPPEN

Macy's ist eines der größten Kaufhäuser der Welt und eine Institution in der Stadt, hier gibt es einfach alles. An Thanksgiving Ende November organisiert der Shopping-Tempel auch noch eine riesige Parade – mit Festwagen, Musik und gigantischen Luftballons.

➤ S. 93

TIEF LUFT HOLEN IN DER GRÜNEN LUNGE DER STADT

Der weitläufige *Central Park (Foto)* mit seinen Wiesen, Felsen und Wasserfällen blüht dank aufwendiger Restaurierung so schön wie lange nicht mehr. Ob Picknick mit Blick auf die Skyline, Zoo-Besuch, Gondelfahrt, Roller-Disco oder Open-Air-Konzert – dieser Park bietet für jeden etwas.

➤ S. 51

SÜSSE KRINGEL KOSTEN

Die runden und eckigen Donuts der *Doughnut Plant* werden mit Pistazien, Erdnussbutter oder Blaubeergelee fantasievoll aufgemotzt.

➤ S. 72

SO TICKT NEW YORK

Wenn die Stadt zum Kunstwerk wird: Häuserfassaden in SoHo

ENTDECKE NEW YORK

Außen wie innen ein ganz besonderes Gebäude: das Guggenheim Museum

New York, das ist die Hauptstadt des amerikanischen Traums. Wer diese riesige, energische, nervenkitzelnde Stadt und ihren Einfluss auf den Rest der Welt begreifen will, muss selbst hinfahren und dort aufwachen – mitten im nie endenden Summen der Metropole, zwischen Sirenengeheul und Zuggeratter, als einer von rund achteinhalb Millionen Menschen aus allen Ländern der Welt. Das New-York-Gefühl muss man einfach selbst erleben. Hautnah.

NEUES SELBSTBEWUSSTSEIN AM ORT DES TERRORS

New York ist hektisch, laut, herausfordernd, groß und mächtig. Der 2015 eröffnete Wolkenkratzer One World Trade Center (1WTC) dominiert mit seinen 541 m Höhe die südliche Skyline Manhattans und symbolisiert das wieder erstarkte

1524 Der italienische Entdecker Giovanni da Verrazzano segelt in den New Yorker Hafen und trifft auf die Lenape-Ureinwohner

1624 Die Niederländer besiedeln das Gebiet und nennen es Neu-Amsterdam

1664 Die Stadt ergibt sich kampflos den Engländern und wird in New York umbenannt

1788–1790 New York ist die erste Hauptstadt der USA

1886 Die Freiheitsstatue wird eingeweiht

Selbstbewusstsein. Gleich daneben erinnern die Wasserfälle des *9/11-Mahnmals* eindrucksvoll an die Zwillingstürme, die hier vorher standen, und an den Terroranschlag, der sie einstürzen ließ. Wie eine Kathedrale der Mobilität erhebt sich der neue U-Bahn-Knotenpunkt Oculus östlich des Mahnmals. Der Bahnhof sieht aus wie ein überdimensionaler weißer Vogel, der seine Flügel zum Abheben öffnet – und ist derzeit der wohl spektakulärste Bau Manhattans.

HAUPTSTADT DES NACHTLEBENS

Außerdem ist die City nach wie vor die Hauptstadt des Entertainments: Nightlife vom supercoolen Jazz-Konzert bis zur Underground-Punk-Bar, vom angesagten Hip-Hop-Musical bis zum Opernabend der Spitzenklasse. Das Publikum ist bunt, begeisterungsfähig, kompetent und vor allem kritisch. Wer es hier schafft, schafft es überall – sang schon Frank Sinatra in seinem Welthit „New York, New York". In Downtown Manhattan (also südlich der 14. Straße) ist die Restaurant- und Barszene spannender als in Midtown oder im nördlichen Manhattan. Neue elegante Hotels, hippe Nachtclubs und mutige Architektur wie das Cooper-Union-Gebäude, das New Museum und der Frank-Gehry-Tower (offiziell: 8 Spruce Street) locken New Yorker wie Touristen in den Süden. Neben altem Gemäuer liegen elegante Bars, Historisches steht neben Modernem – diese Gegensätze ziehen die Besucher an. Jedes Jahr im April wird das TriBeCa Festival, das von Hollywoodstar Robert de Niro mitgegründet wurde, zum Besuchermagnet für Filmemacher, Cineasten, Celebrity-Jäger und alle, die auf Glanz, Glamour und rote Teppiche stehen.

- **1892–1954** Mehr als 12 Mio. Menschen wandern über New York ein
- **1952** New York wird Hauptquartier der UN
- **2001** Bei den Anschlägen vom 11. September sterben fast 3000 Menschen
- **2020** Mit The Edge öffnet die höchste Open-Air-Aussichtsplattform der westlichen Welt
- **2021** Die Corona-Pandemie fordert 40 000 Opfer in New York
- **2022** Eröffnung des Museum of Broadway

KREATIVITÄT UND NACHDENKLICHKEIT

Im Medienzentrum der USA operieren wichtige Fernsehsender, große Magazine und die Tageszeitung, die als die beste der Welt gilt: The New York Times. Auch die bedeutendsten Buchverlage sitzen hier. Überhaupt kommen aus vielen vor allem kreativen Branchen die Besten der Besten in New York zusammen – der glitzernde, raue Stadtdschungel mit all seiner Ambition und seinen Möglichkeiten hat nach wie vor eine hohe Anziehungskraft. Aber die New Yorker sind nachdenklicher geworden. Die Protestbewegungen Occupy Wall Street und Black Lives Matter und die Wahl von Donald Trump zum US-Präsidenten haben auch hier am Weltbild amerikanischer Existenz gerüttelt. Zuletzt hat vor allem die Corona-Pandemie die Metropole gebeutelt und verändert. Mehr als 40 000 New Yorker starben nach einer Infektion mit dem Virus, Geschäfte und Restaurants gingen ein, Menschen verließen die Stadt. Die Auswirkungen werden wohl noch lange spürbar bleiben; unter anderem brauchst du wohl noch eine Zeit lang für viele Museen und andere Attraktionen Vorab-Reservierungen.

POLITISCH JA, ABER POLITIK WIRD IN WASHINGTON GEMACHT

New York wurde nach dem Zweiten Weltkrieg zum Hauptsitz der Vereinten Nationen. Die UN-Zentrale am East River steht in der Debatte um globale Krisen und Konflikte wie etwa den Ukraine-Krieg mit im Rampenlicht, und die amerikanische Politik hat die Stadt nicht erst seit den Terroranschlägen vom 11. September 2001 immer im Blick. Aber New York zieht seine Bedeutung nicht aus der Politik. Dafür ist Washington, D. C. zuständig. Rund 8,5 Mio. Einwohner leben heute in der einstmals größten Stadt der Welt, die im Lauf der Geschichte längst von anderen Megacitys überflügelt worden ist. 24 Mio. Einwohner hat die Metropolitan Area insgesamt, die die angrenzenden Gebiete einschließt, dazu kommen die Touristen, die auf den Straßen Manhattans im Sog des hohen Fußgängertempos förmlich mitgerissen werden.

DIE STADT WIRD GRÜN

Ex-Bürgermeister Michael Bloomberg hat die Stadt in eine umweltverträgliche Metropole verwandelt. Das zeigt sich am Times Square, der teilweise zur Fußgängerzone wurde, und an mehr als 1600 km Fahrradwegen. Seine Nachfolger Bill de Blasio und Eric Adams setzten und setzen die grüne Revolution im verkehrsreichen Manhattan fort, etwa mit der Eröffnung der Second Avenue Subway, die schon 1920 erstmals als Plan formuliert worden war. Bisher gibt es allerdings nur drei Stationen an der Upper East Side, weitere sollen folgen. Verkehrsinseln wurden zu kleinen Ausruhoasen umfunktioniert und die ehemalige Hochbahntrasse High Line in einen Park verwandelt. Über die gesamte Länge der Insel Manhattan erstreckt sich ein Park am Hudson River, in Brooklyn wurde die Uferlinie unter der Brooklyn Bridge meilenweit begehbar gemacht – Strand, Bootsfahrten und Spielplätze inklusive. Im dicht gedrängten Verkehr be-

9/11 Memorial: würdevolle Erinnerung an eine furchtbare Tragödie

schleunigen Busfahrspuren das ökologischere Fortbewegungsmittel. Dazwischen drängeln umweltfreundlich Fahrradrikschas. Oder du setzt dich selbst aufs Rad: Die blauen Citi-Bikes finden sich an fast jeder Ecke, und per Kreditkarte und App besorgst du dir so ganz schnell und einfach eine Portion Fahrtwind.

GEHEN BIS DIE FÜSSE GLÜHEN

Aber am aufregendsten ist es immer noch, die Stadt zu Fuß zu erobern. Denn New York ist schon lange als die vielleicht einzige amerikanische Metropole eine echte Fußgängerstadt. Die Straßen sind überwiegend als Gitternetz angeordnet und nummeriert, die Gehsteige meist breit und viele Sehenswürdigkeiten liegen nah beieinander. Man findet sich schnell zurecht und das Risiko, Opfer von Kriminellen zu werden, ist nicht höher als in einer deutschen Großstadt. New York ist außerdem die Stadt der großen Gegensätze. Die Winter sind trocken und frostkalt, die Sommer nicht selten mehr als 30 Grad heiß und oft schwül. Das ausgedehnte Grün des Central Parks trifft auf das wuchtige, unendliche Grau von Beton. Kirchen, die anderswo alles überragen, werden hier von den Wolkenkratzern förmlich umzingelt. Und der Big Apple ist noch immer eine Stadt der Immigranten: Fast 40 Prozent der Bewohner sind eingewandert. Generell freut man sich über weitere Neuankömmlinge, denn viele sind gut ausgebildet (die Hälfte der New Yorker Ärzte etwa sind Immigranten) und hoch motiviert – und bringen die Kultur ihrer Heimat mit. So mischen sich hier viele globale Traditionen, von der Küche Äthiopiens über die Voodoo-Religion aus Haiti bis hin zu den

Festtagsparaden der Italiener oder den Drachentänzen der Chinesen. New York ist ein tägliches soziales Experiment des Neben- und Miteinanders, das seinen Ursprung im weltweiten Handel der Hafenstadt hat und heute in allen Lebenslagen meistens spektakulär und bereichernd funktioniert.

IMMER NEUE EINWANDERER AUS ALLER WELT

Die Mixtur verändert sich permanent. Im 19. Jh. segelten Einwanderer aus Irland, Deutschland, Österreich und Russland in die Neue Welt. Anfang des 20. Jhs. kamen Italiener und Polen hinzu. Während der Zeit des Nationalsozialismus wurde New York rettender Hafen für verfolgte Juden aus Europa. Die Mischung ist so speziell, dass man nirgendwo sonst in den USA Vergleichbares findet. Deshalb empfinden sich die New Yorker als etwas Besonderes, sie sind kulturell wach, wirtschaftlich auf der Höhe, neugierig, tolerant und manchmal arrogant. Das gilt vor allem für die weißen New Yorker, die die Stadt dominieren, obwohl sie keine 50 Prozent der Bevölkerung mehr ausmachen. In den letzten Jahrzehnten sind Millionen von Mittel- und Südamerikanern hergezogen, Hunderttausende von Chinesen, Koreanern und Vietnamesen, dazu viele Afroamerikaner aus den Südstaaten. Der Zuzug war so groß, dass die Stadt ihren wirkungsvollsten Mechanismus fast verloren hat: das Verschmelzen, Vermischen und Integrieren. Das verändert ihren Charakter, was David Dinkins, der erste schwarze Bürgermeister New Yorks, 1989 so beschrieb: „New York ist kein Schmelztiegel mehr. Es ist ein Mosaik, in dem alle Teile gleich viel wert sind." Doch im Mosaik zeigen sich Risse. Die Zugewanderten sind oft arm und nicht wenige illegal im Land, während die Bezahlung an der Wall Street schwindelnde Höhen erreicht – was auch die enormen Lebenshaltungskosten erklärt. Und trotz allem: Die New Yorker überraschen mit ihrem Humor und einem freundlichen Pragmatismus.

EINE STADT, FÜNF STADTTEILE

Jeder der fünf Stadtteile, die *boroughs,* könnte für sich eine ganze Stadt sein – wie dies bis 1898 auch der Fall war, als Greater New York durch den Zusammenschluss von Manhattan, Brooklyn, Queens, Staten Island und der Bronx entstand. Brooklyn wird zunehmend interessanter durch seine Museen, die Architektur, den riesigen Prospect Park, die Designerläden und raffinierten Restaurants. Vor allem Williamsburg im nördlichen Brooklyn hat sich zu einem angesagten, teuren Ausgehviertel gemausert. Junge Künstler, Designer und andere Kreative haben ein Netzwerk aus Galerien, Restaurants und kleinen Läden geschaffen. Nun breitet sich das künstlerische Treiben Richtung Osten aus, vor allem in das ehemalige Industrieviertel Bushwick. Schrittweise entdecken die New Yorker auch Queens: Es hat die bunteste Bevölkerung , das am schnellsten wachsende Stadtviertel der USA, Long Island City, – und einen Strand zum Surfen. Aber für viele Besucher bleibt die lange, schmale Insel Manhattan – zwischen Freiheitsstatue und Harlem – das eigentliche Ziel. Hier schlägt das Herz der Metropole.

AUF EINEN BLICK

8.700.000
Einwohner

Berlin: 3.800.000

66.000.000

Touristen besuchten im Spitzenjahr 2019 die Stadt

837 km
Küstenlänge

Festland Küstenlänge an der deutschen Ostsee: 328 km

783,8 km^2
Fläche

Berlin: 892 km^2

HÖCHSTES GEBÄUDE: ONE WORLD TRADE CENTER
541M

Aussichtsplattformen vom 101. bis 105. Stockwerk

GRÜNE LUNGE
23.000
BÄUME STEHEN IM CENTRAL PARK

1,68 – 1,79 METER

Nur wer dieses Größenmaß hat, kann eine der Rockettes werden, eine der berühmten Tänzerinnen in der Radio City Music Hall

9525 KG

wiegt der Blauwal an der Decke des American Museums of Natural History

BIS ZU 800 SPRACHEN werden laut Schätzungen in der Stadt gesprochen

600.000 HUNDE LEBEN IN NEW YORK

NEW YORK VERSTEHEN

UPTOWN VS. DOWNTOWN

Downtown ist die südliche Hälfte von Manhattan und gilt als Synonym für ambitionierte und kreative junge New Yorker. Manche davon behaupten gar, sie würden sich niemals nördlich der 14. Straße sehen lassen. Nördlich davon liegt Midtown und etwa ab der 59. Straße fängt mit dem Central Park Uptown an. Der dort gepflegte mondäne Wohnstil zeigt sich in Wohnungen mit Bibliotheken, Dienstbotenzimmern mit eigenen Aufgängen, 10 m langen Esszimmern, dicken Wänden, hohen Decken und offenen Kaminen. Das Image des Uptown-Bewohners ist konservativ, er gehört zum Establishment. Das bedeutet, alles was hip, kreativ und angesagt sein will, zieht nach Süden: nach TriBeCa, SoHo oder ins East und West Village – wo auch ein Großteil des Nachtlebens von Manhattan stattfindet.

BEGEHRTE BUTLER

Uniformierte Türsteher, die hilfsbereiten *doormen*, gehören besonders auf der Upper East und der Upper West Side zum Straßenbild. Die schätzungsweise 100 000 Privatportiers New Yorks sind ein Statussymbol. In den riesigen Apartmenthäusern – häufig bestehend aus mehrstöckigen Eigentumswohnungen mit hoher Quadratmeterzahl – hilft der *doorman* mit den Einkaufstüten, zeichnet für ankommende Pakete ab und ruft ein Taxi herbei. Besucher werden hier abgefangen und telefonisch in den Wohnungen angekündigt. Der Job ist im Übrigen gut bezahlt und begehrt.

ÖKO IST SCHICK

Ob Sauerteigbrot, Renken oder ein saftiger Bio-Apfel – New Yorker lieben die reichhaltige Auswahl ihrer *Farmers' Markets,* deren Verkäufer aus allen Himmelsrichtungen in die Stadt kommen. Mehr als 60 dieser Bauernmärkte verteilen sich über New York und sind auf *grownyc.org* gelistet. Daneben bieten Naturkost-Supermärkte wie *Trader Joe's* und *Whole Foods* polierte Bio-Früchte in überbordender Auswahl. Auch die Stadt wird grüner: Zahlreiche Straßen und Plätze wurden verkehrsberuhigt und neue Fahrradwege angelegt. Dort und in vielen der 1700 öffentlichen Parks der Stadt kannst du auf zwei Rädern – mit Citi-Bike-App auf dem Smartphone und Bio-Picknick im Korb – die City genießen. Oder zu Fuß über die *High Line* in Chelsea wandern, jene begrünte ehemalige Hochbahntrasse, auf der sogar Wildblumen wachsen.

HIMMELSSTÜRMER

Wer Höhenangst hat, kann in New York gut trainieren. Schließlich gibt es hier zahlreiche Wolkenkratzer, die zu den höchsten der Welt gehören. Das One World Trade Center ist mit 541 m das höchste Gebäude der Stadt und der gesamten westlichen Welt. Es soll zeigen, dass Terrorismus die Freiheit

Frisch vom Acker in den Großstadtdschungel: einer der vielen Farmers' Markets

nicht bezwingen kann. Denn es ersetzt die beiden Türme des World Trade Center, die am 11. September 2001 zusammenbrachen, als Terroristen zwei Passagierflugzeuge in die Gebäude steuerten. Die Turmzwillinge standen bei ihrer Fertigstellung 1971 und 1973 in New Yorks Tradition: Weltrekord mit 419,7 m.

Die ersten Wolkenkratzer der Stadt entstanden bereits Ende des 19. Jhs. Vom Chrysler Building (1930, 319 m) bis zum Empire State Building (bis zur Spitze des Blitzableiters 443 m), das 1931 eingeweiht wurde, erstreckte sich eine Zeitspanne monumentalen Bauens: Der Mangel an Grundstücken allein reicht nicht, um die Begeisterung für sie zu erklären. Es ist auch eine Form der Selbstbestätigung und die Demonstration von Macht und Selbstvertrauen. Der dekorative Stil des Art déco – brillant umgesetzt im Chrysler Building – wurde abgelöst vom Bauhausstil Ludwig Mies van der Rohes (Lever House und Seagram Building). Glas, Einfachheit und Funktionalität ersetzten die Schnörkel.

Die jüngere Architektur der Stadt ist keineswegs moderater: 2011 wurde der Beekman Tower neben der Brooklyn Bridge eingeweiht, ein 76-stöckiges Apartmenthaus des Architekten Frank Gehry. Das elegante Stahlgebäude wirkt dank seiner wellenartigen Fassade, als bewege es sich. Seinen Rang als höchstes Wohngebäude der Stadt musste der Beekman Tower erst an den 306 m hohen Wolkenkratzer One57 in Midtown und dann wenige Monate später an 432 Park Avenue abtreten: 2015 eröffnete das

396 m hohe Gebäude – das 2020 wiederum vom 472 m hohen Central Park Tower abgelöst wurde. An der Westseite Manhattans entsteht ist unterdessen mit Hudson Yards ein neues Hochhausviertel im Entstehen. Mit der Aussichtsplattform *Edge (edgenyc.com)* findest du hier seit März 2020 den höchsten Open-Air-Ausguck der westlichen Hemisphäre (345 m).

INSELHOPPING

New York City besteht aus vielen Inseln – das vergisst man leicht. Manhattan selbst ist eine, die Freiheitsstatue steht auf *Liberty Island* und die ankommenden Immigranten wurden bis 1954 auf *Ellis Island* empfangen. Eine Fähre bringt Gäste von der Südspitze Manhattans fürs Picknick nach *Governors Island* mit seinen Wiesen, mit Minigolf, Hängematten und Baumhäusern, Kunstausstellungen und Konzerten. Neben der Fähre nach *Staten Island*, wie Manhattan eins der fünf *boroughs*, paddeln Kajakfahrer. An den Fähranlegern in Brooklyn, Queens, Manhattan und der Bronx steigen Hunderte Menschen aus den schnittigen weiß-blauen Fähren, um zur Arbeit oder zum Shoppen gehen.

Mit der Seilbahn auf Höhe der 60. Straße schwebt man nach *Roosevelt Island* im East River. Lauf unbedingt bis zur Südspitze: rechts Manhattan, links Brooklyn – ein toller Blick! Nach *Randall Island* geht es zu Fuß über die Brücke an der 103. Straße, und mit der U-Bahn und

INSIDER-TIPP
New York von zwei Seiten

Nostalgisch und ganz schön abgefahren: der Luna Park auf Coney Island

dem Bus weiter ins abgelegene Seglerparadies *City Island*.
Und ganz frisch aufgemöbelt zieht *Coney Island* im Süden Brooklyns wieder viele Besucher an: Achterbahn und Strand, Aquarium und leckeres Essen locken auf die Halbinsel am Meer. Auf der breiten Promenade am Strand schlendern Menschen aus allen Teilen der Welt, genießen die Meeresbrise und das New Yorker Inselleben.

COOLER NORDEN

Harlem steckt voller Energie, die Musik-, Kunst- und Restaurantszene ist ein eigener Planet im Universum New Yorks. Wer hier unterwegs ist, taucht in eine reiche Geschichte ab: Anfang des 20. Jhs. wanderten zahlreiche Afro-Amerikaner aus den Südstaaten gen Norden und kamen nach New York. Unter ihnen waren viele Künstler, etwa der Schriftsteller Langston Hughes oder die später weltberühmten Jazzer Duke Ellington und Louis Armstrong. Der Reichtum ihrer Kultur lässt sich in Harlem und der Bronx, dem Geburtstort des Hip-Hop in den 1970er-Jahren, erleben. Touren zu Fuß oder mit dem Bus in Harlem bietet etwa *Harlem Heritage Tours (harlemheritage.com)* an, der Hip-Hop – der am Bronx Point ein eigenes Museum *(uhhm.org)* bekommen hat – ist Thema bei *Hush Tours (hushtours.com)*.

BÜHNENREIF!

Musicals waren schon immer eng mit New York verknüpft, aber gerade erleben sie einen neuen Hype. Und das vor allem dank *eines* Superhits: dem Hip-Hop-Musical „Hamilton". Der Broad-

KLISCHEE KISTE

NEW YORK? ABER SICHER!

Früher! Ja, früher ... da war vieles schlechter in New York. Etwa, was die Sicherheitslage in der Stadt betraf. Bis in die 1990er-Jahre hinein war der Big Apple tatsächlich ein gefährlicher Dschungel: Allein im Jahr 1990 starben mehr als 2200 Menschen in der Stadt, die niemals schläft, eines gewaltsamen Todes. Und heute? Ist New York nicht unsicherer als jede andere Großstadt in Deutschland. Jeder kann getrost U-Bahn fahren ohne Angst vor Überfällen, frühere No-go-Areas wie etwa Harlem oder Brooklyn haben sich in hippe Stadtviertel verwandelt. Das gibt es eben auch: die gute Seite der Gentrifizierung.

SONNE, SAND & SURFEN

Wolkenkratzer, Straßenschluchten, Betonwüste und alles grau in grau. Typisch New York? Eben nicht, denn die Metropole liegt nirgenwo anders als – am Meer. Sobald es warm wird, geht es von Manhattan aus an den Strand: nach Coney Island, Brighton Beach, Staten Island, an die Bronx Riviera oder in die Rockaways. Ein *beach day* mit Surfen und *fish tacos*, nur wenige Kilometer von den Wolkenkratzern Manhattans entfernt, gehört längst zum *must-do* – und selbst die Sonnencreme spendiert die Stadtverwaltung direkt am Strand!

way bleibt spannend! Millionen Menschen kommen jedes Jahr und sehen neben „Hamilton" Erfolgs-Shows wie „The Book of Mormon" oder „The Lion King". Wem die stattlichen Eintrittspreise zu hoch sind, der sollte sich am Off-Off-Broadway umschauen. Es lohnt sich, denn die Stücke dort zeigen oft mehr Kreativität und Mut zum Schrägen und Außergewöhnlichen. Die Einteilung in „Broadway", „Off-Broadway" und „Off-Off-Broadway" hat übrigens nichts damit zu tun, wie nah das Theater an der berühmten Straße liegt, sondern es beschreibt die Größe des Hauses: Ab 500 Theatersitzen ist es Broadway, ab 100 Sitzen Off-Broadway und drunter Off-Off-Broadway.

BARS IN DEN WOLKEN

Grandiose Aussichten auf Wolkenkratzer, Straßenschluchten und das Lichtermeer: Oft sind es Hotels, die dir die Gelegenheit bieten, auf einer der Dachterrassen Cocktails zu trinken. *Salon de Ning* auf dem Peninsula Hotel, *Press Lounge* auf dem Ink48 Hotel, *Le Bain* auf dem Standard Hotel, *230 Fifth* an der Fifth Avenue und das Restaurant auf dem Pod39 Hotel gehören zu den beeindruckendsten Rooftop-Bars mit der besten Aussicht auf das Lichtermeer und die Stahl- und Betongiganten ringsum.

SOMMERFRISCHE

In den Sommermonaten ist es heiß und schwül in der Metropole und die New Yorker flüchten aufs Land. Östlich der Großstadt liegen 100 km feinster Sandstrand: Long Island mit den legendären Hamptons sowie die vorgelagerte Insel Fire Island laden zum Entspannen ein. Hier geht die Ostküsten-Schickeria baden. Wo sich früher Walfänger und Schmuggler ihr Revier teilten, schlemmen heute Hollywood-Schönheiten und New Yorker Künstlerstars Hummer und Muscheln.

Long Island ist geformt wie ein Krokodil mit aufgerissenem Maul. Im Unterkiefer liegen die *Hamptons*, eine Gruppe alter Dörfer wie an einer Perlenschnur entlang des Meeres aufgereiht: South Hampton, Bridgehampton, East Hampton und Amagansett, und am östlichen Ende schließt Montauk die Reihe mit einem Leuchtturm ab. Zauberhafte Dörfer mit weißen Holzhäusern, schmalen Straßen, kleinen Boutiquen und Cafés – aber, wie sollte es auch anders sein: Die Hotelpreise und Häusermieten sind der Klientel angepasst.

Vor der südlichen Küste Long Islands liegt das schmale *Fire Island*. Mit dem Boot setzt man auf die Insel über. Autos gibt es hier nicht, man behilft sich mit Handkarren und Tagesrucksäcken, mit denen Proviant, Handtücher und Lesestoff über Holzstege an den Strand transportiert werden. Rehe laufen einem fast über die Füße, Vögel zwitschern ausgelassen, denn auf dieser Insel steht der Naturschutz im Mittelpunkt. Preisgünstiger sind die Strände von New Jersey. Mit dem Zug brauchst du von der Penn Station etwa anderthalb Stunden, dann schwimmst und surfst du in *Asbury Park*.

TEURES PFLASTER

Die Bewohner New Yorks sind oft auf der Flucht. Nicht vor dem Gesetz oder dem Steuerprüfer, sondern vor den Veränderungen in der Stadt. Dabei kommt viel Gutes und Spannendes heraus, aber es hat auch negative Konsequenzen – auf dem Wohnungsmarkt zum Beispiel. Gab es in den 1960er-, 70er- und 80er-Jahren noch viele Gegenden, wo man für wenig Geld Apartments und Künstlerateliers bekommen konnte, gehören die Mieten fast überall in der Stadt inzwischen zu den teuersten der Welt. Eine Zweizimmerwohnung in Manhattan liegt beispielsweise durchschnittlich bei etwa $ 3500 im Monat. Gleichzeitig lebt rund die Hälfte der Menschen in New York unter der Armutsgrenze. Und für sie gibt es viel zu wenig bezahlbare Apartments und sozialen Wohnungsbau.

Die Stadt ist deutlich sicherer und sauberer geworden als noch vor wenigen Jahrzehnten. Aber eben auch teurer, und so haben sich viele Viertel stark verändert. In *Greenwich Village* mit seinen kleinen Straßen und hübschen Häuschen und in *SoHo* wohnten früher vor allem Schriftsteller und Künstler, heute können sich nur noch ganz wenige von ihnen die Gegend leisten. Die *Lower East Side* war immer ein Arbeiterviertel, in dem Einwanderer dem amerikanischen Traum nachjagten. Einige sind noch da, aber auch hier ist die Gentrifizierung längst ein Thema und es finden sich viele schicke Bars, Cafés und Galerien. In *West Chelsea* wiederum war früher der Straßenstrich, heute finden sich dort edle Luxusboutiquen.

Lange war die Flucht nach *Brooklyn* ein Ausweg, aber inzwischen ist der

Landflucht in der Stadt:
(bedrohte) Idylle Williamsburg

Stadtteil in manchen Gegenden schon teurer als Manhattan. Viele junge Kreative ziehen deswegen immer tiefer nach Brooklyn und auch nach Queens hinein, weichen auf die Bronx und Staten Island aus – und mit ihnen entstehen neue Kulturzentren mit alternativen Clubs, Bars, Läden, Cafés und Restaurants.

Abends ist es manchen zu langweilig in Manhattan und so zieht die *in-crowd* in Richtung Osten nach Williamsburg und Bushwick, um zu feiern und zu tanzen. Gerade für ihre Musikszene sind die Viertel bekannt.

SIGHT SEEING

Empire State Building, SoHo, Staten Island Ferry, Central Park oder Broadway – in New York brodelt Tag und Nacht das Leben. Auf den ersten Blick überwältigt einen das fast: Was soll man bloß zuerst anschauen, was auf keinen Fall verpassen?

New York versammelt kühnste Architektur auf engstem Raum: gigantische Wolkenkratzer, riesige Brücken, wuchtige Kirchen – und mittendrin einen Park, der fast so groß ist wie die Nordseeinsel Helgoland. Dazu herausragende Museen, spektakuläre Aussichtsplattformen und eine Vielzahl unterschiedlichster Viertel. Nicht zu ver-

Ein Leuchten erfüllt Manhattan: der Central Park im Herbst

gessen: *people watching* geht wohl kaum irgendwo auf der Welt besser! Du hast Angst, etwas zu verpassen? Keine Sorge, in New York passiert so viel, dass das gar nicht möglich ist – da, wo du bist, ist auch etwas los. Immer. Also rein in die bequemen Schuhe, und los geht's! Zu Fuß gehen ist für New York immer noch die beste Fortbewegungsmethode. Alternativ kannst du U-Bahn, Leihfahrrad, Taxi oder Fähre nehmen. Die aufregendste, aber auch teuerste Methode, New York zu erobern, ist mit dem Hubschrauber. Egal wie – packen wird dich die Stadt in jedem Fall. Welcome to New York!

DIE STADTVIERTEL IM ÜBERBLICK

MARCO POLO HIGHLIGHTS

★ **BROOKLYN BRIDGE**
Die Skyline genießen beim Überqueren des „achten Weltwunders“ ➤ S. 30

★ **9/11 MEMORIAL**
Ergreifende Gedenkstätte ➤ S. 32

★ **STATEN ISLAND FERRY**
Ein Traumblick auf Manhattans Skyline – völlig gratis ➤ S. 35

★ **STATUE OF LIBERTY**
New Yorks wohl berühmtestes Wahrzeichen ➤ S. 34

★ **FIFTH AVENUE**
Shoppen und Flanieren auf der Luxusmeile ➤ S. 44

★ **ONE WORLD TRADE CENTER**
Eindrucksvoller Ersatz für die Zwillingstürme ➤ S. 32

★ **EMPIRE STATE BUILDING**
Happy End mit Traumausblick im 86. Stock ➤ S. 44

★ **ROCKEFELLER CENTER**
Eine Stadt in der Stadt ➤ S. 48

★ **AMERICAN MUSEUM OF NATURAL HISTORY**
Riesige Dinosaurier und die Geheimnisse unserer Welt ➤ S. 55

★ **CENTRAL PARK**
Auszeit mitten in der Stadt ➤ S. 51

★ **GUGGENHEIM MUSEUM**
Malerei und Skulpturen im eigenwilligen Spiralbau ➤ S. 54

★ **HIGH LINE**
Grüne Oase über den Straßen der Stadt ➤ S. 42

★ **MUSEUM OF MODERN ART**
Kunst im besten Museum der Welt ➤ S. 50

CHINATOWN, LITTLE ITALY & SOHO S. 36

Geformt von Einwanderern und Künstlern. Punktet heute mit Cafés, Shops und bestem *people watching*

LOWER MANHATTAN S. 30

Wiederauferstanden nach 9/11, boomt die Südspitze der Insel nicht nur an der Wall Street

UPTOWN & CENTRAL PARK S. 51
Das etablierte New York: Weltklasse-museen und die grüne Lunge der Stadt
Central Park
Guggenheim Museum
American Museum of Natural History
Central Park West
Guttenberg
Weehawken
MANHATTAN
Central Park
Park Avenue
Madison Avenue
5th Avenue
3rd Avenue
2nd Avenue
1st Avenue
9a
495
MIDTOWN S. 43
Das ikonische New York: Hochhäuser und Sightseeing-Highlights
Museum of Modern Art
Rockefeller Center
Fifth Avenue
FDR Drive
East Channel
West Channel
25
Empire State Building
High Line
QUEENS
Hudson River
NEW YORK
East 14th Street
GREENWICH VILLAGE, EAST VILLAGE, LOWER EAST SIDE & CHELSEA S. 39
Punk und Rock'n'Roll, je verrückter desto besser: Hier tobt das beste Nachtleben
495
Avenue A
9a
278
East River
One World Trade Center
9/11 Memorial
FDR Drive
Brooklyn Bridge
Staten Island Ferry
BROOKLYN S. 58
Hipster, Trends, Strände, Nachtleben: Brooklyn ist sein ganz eigener Kontinent
278
278
478
BROOKLYN
Governors Island
1 km
0.62 mi

LOWER MANHATTAN

Lower Manhattan bietet einfach alles: elegante Restaurants, historische Sehenswürdigkeiten und beeindruckende Wolkenkratzer.
Hier liegt das finanzielle Zentrum New Yorks und des Landes – die Wall Street. Hier standen die beiden Türme des World Trade Center vor dem Anschlag am 11. September 2001. Hier ragt das neue One World Trade Center und auf liegt die beeindruckende 9/11-Gedenkstätte. Hier kamen die Immigranten bis Mitte des 20. Jhs. an – und suchten ihr Glück in der Neuen Welt. Zwischen riesigen Gebäuden und auf schmalen Kopfsteinpflasterstraßen lohnt sich ein ausgedehnter Spaziergang an der Südspitze Manhattans –und auf jeden Fall auch eine Fahrt mit der Fähre nach Staten Island, denn der Blick auf die südliche Skyline vom Wasser aus ist genial. Durch den Battery Park am Hudson River entlang geht's nach TriBeCa, wo Restaurants zwar saftige Preise haben, aber dafür auch beste Angebote und häufig prominente Gäste.

WOHIN ZUERST?

Empire State Building *(📖 E9)*: Der markante Art-déco-Bau des Empire State Building ist die perfekte Startrampe. Schnell hoch auf den Wolkenkratzer und den Blick über die Stadt schweifen lassen! Die Fifth Avenue führt nach Norden zu den großen Museen und zum Central Park, der Broadway Richtung Süden ist nur einen Block entfernt. Wenn du an deinem ersten New-York-Abend hier den Sonnenuntergang erlebst, bleibt dir dieser Anblick auf ewig unvergessen. *Subway: 34 Street-Herald Square, B, D, F, M, N, Q, R*

1 BROOKLYN BRIDGE ★

Die erste Brücke, die Manhattan mit Brooklyn verband, wurde 1883 eröffnet. 13 Jahre bauten erst der deutschstämmige Ingenieur John A. Roebling und dann sein Sohn an dem als „achtes Weltwunder" bejubelten Bauwerk. Die Pfeiler ragen zwischen Hunderten von Stahlkabeln 89 m hoch. Die Konstruktion führt in neugotischen Bögen 530 m über den East River. Am schönsten ist es, auf die Skyline von Manhattan zuzulaufen. Dafür fährst du mit der Subway Linie A oder C bis zur High Street Station in Brooklyn. Oder du startest in Manhattan: von der Park Row/Centre Street *(Subway 4, 5, 6 Brooklyn Bridge/City Hall)*. *📖 D17*

INSIDER-TIPP
Manhattan, ich komme!

2 CITY HALL

Ursprünglich war die Südfassade des 1812 fertiggestellten Rathauses mit Marmor verkleidet, die Nordfassade bestand nur aus Backstein. Die Stadtväter nahmen damals an, dass New York nicht weiter nach Norden wachsen würde. Heute wirkt das Häuschen seltsam unterdimensioniert für die riesige Millionenmetropole drumher-

um, aber schön ist es trotzdem. Wer heiraten möchte, geht um die Ecke zum *Office of the City Clerk (Mo–Fr 8.30–15.45 Uhr | 141 Worth Street | mit vorheriger Anmeldung unter short.travel/new30)*. Für $ 35 gibt es eine *marriage license*, mit der man 24 Stunden später dann „I do" sagen darf.

INSIDER-TIPP
Heiraten mit Profi an der Seite

Damit die Zeremonie extra-unvergesslich wird, kannst du dir auch einen professionellen Hochzeitsplaner an die Seite holen, zum Beispiel den Deutschen *Erol Inanc (echtnewyork.com/heiraten-in-new-york). Broadway/Ecke Park Row*

Street | Subway 4, 5, 6, Brooklyn Bridge/City Hall | B16

3 TRIBECA

Das Dreieck südlich der Canal Street *(Triangle Below Canal)* war früher das Marktviertel der Stadt: der Washington Market. Aus den Lageretagen sind längst schicke Lofts für Promis und Erfolgreiche geworden, die auch von außen durchaus schön anzuschauen sind. Die Gegend ist perfekt für einen kurzen Bummel – und halte die Augen auf, vielleicht entdeckst du ja auch ein bekanntes Gesicht! *Subway 1 Franklin Street | B–C 14–15*

Macht und Moneten: Wall Street

4 BROOKFIELD PLACE

Das frühere World Financial Center ist eine kleine Stadt an der Südspitze Manhattans mit Büros, Shops, Wohnungen, Yachthafen und Grünflächen. Im *Winter Garden*, einer Halle mit Glasdach, gibt es viele Restaurants und Läden, dazu kostenlose Konzerte, Ausstellungen und Veranstaltungen. *Mo–Sa 10–20, So 12–18 Uhr | 230 Vesey Street | bfplny.com | Subway A, C, J, Z, 1, 2, 3 Chambers Street | 2 Std. | A16*

INSIDER-TIPP
Im Wintergarten ist immer was los

5 ONE WORLD TRADE CENTER ★

Wie ein Pfeil weist der 541 m hohe Wolkenkratzer, der die 2001 zerstörten Zwillingstürme ersetzt, in den Himmel. Von den Besucheretagen zwischen dem 100. und dem 102. Stock aus kannst du New York von oben bestaunen – und bei klarem Wetter auch bis weit nach Connecticut und New Jersey schauen.

Ein Abenteuer sind bereits die 47 Sekunden Aufzugsfahrt im höchsten Gebäude der westlichen Welt: Auf die Wände der Kabine, die wie Fenster aussehen, wird die Entwicklung Manhattans projiziert – 500 Jahre im eindrucksvollen Zeitraffer! *Tgl. 9–21 Uhr | 117 West Street | Eintritt $ 43 | oneworldobservatory.com | Subway 1 WTC Cortlandt | 1,5 Std. | A16*

6 9/11 MEMORIAL ★

Am 11. September 2001 wurde das World Trade Center dem Erdboden

gleichgemacht, als beide Türme von entführten Passagierflugzeugen getroffen wurden. Am ehemaligen Ground Zero entstand ein beeindruckendes Denkmal des Terrorangriffs: Wo vorher seit 1973 die beiden Wolkenkratzer gestanden hatten, wurden tiefe Bassins eingelassen, in die von allen Seiten Wasser fällt. Rundherum stehen die Namen aller rund 3000 Opfer. Der Ort trotzt dem Terror, lebt wieder – und bleibt doch gleichzeitig dem ehrenvollen Andenken gewidmet. *Tgl. 10–20 Uhr | 180 Greenwich Street | Eintritt frei | 911memorial.com | Subway 1 WTC Cortlandt*
Neben der Gedenkstätte informiert und erinnert ein ebenso beeindruckendes *Museum (Mi–Mo 10–17 Uhr | Eintritt $ 26)*. Feuerwehrleute, Überlebende, Angehörige von Opfern und Anwohner bieten bewegende Führungen an. *A16*

7 THE OCULUS

Auch rund um die 9/11-Gedenkstätte herum ist viel wiederauferstanden, viel renoviert und komplett neu gebaut worden. Spektakulärstes Beispiel ist die Oculus-Station – eigentlich ein schnöder Umsteigebahnhof und doch so viel mehr. Entworfen vom spanischen Architekten Santiago Calatrava, sieht das Gebäude aus wie ein riesiger weißer Adler im Landeanflug. Neben mehreren U-Bahn-Linien und einer Regionalverbindung in den Nachbarbundesstaat New Jersey ist das Oculus eine riesige Shopping Mall – und der perfekte Ort für ein Selfie! *185 Greenwich Street | Subway 1 WTC Cortlandt | B16*

8 ST PAUL'S CHAPEL

Diese kleine Kirche spendet schon seit 1776 Trost – früher hauptsächlich Seeleuten weit weg von zu Hause. 1789 betete hier Präsident George Washington am Tag seiner Amtseinführung. Bei den Terroranschlägen von 9/11 blieb die direkt um die Ecke des World Trade Center gelegene Kirche wie auf wundersame Weise unversehrt. Eine Ausstellung mit Fotos und persönlichen Erinnerungsstücken dokumentiert berührend die Zeit nach dem Anschlag. *209 Broadway/zw. Vesey und Fulton Street | trinitywallstreet.org | Subway A, C, 1, 2,3, 4, 5 Broadway Nassau/Fulton Street | B16*

9 WALL STREET

Vielleicht wäre diese kleine Straße am Südzipfel von Manhattan nicht halb so berühmt geworden, wenn hier nicht 1929 die Wirtschaft zusammengebrochen wäre. Die *Stock Exchange*, die Börse, wurde mit dem „Schwarzen Freitag" zu einem Symbol für Macht und Elend der Spekulanten. Heute pocht hier wieder das finanzielle Herz der Stadt – aber auch die Kritik an den dollargesteuerten Verhältnissen im Financial District bleibt mit Aktivistengruppen wie Occupy Wall Street laut. Die Besuchergalerie des klassizistischen Börsengebäudes ist seit den Terroranschlägen vom 11. September 2001 aus Sicherheitsgründen nach wie vor geschlossen.
Und auf jeden Fall nicht vergessen: das Selfie mit der berühmten Bullenstatue am Südende des Broadway oder mit der inzwischen fast ebenso berühmten Statue des „Fearless Girl",

des furchtlosen Mädchens, das gegenüber der Stock Exchange steht. *Subway 2,3,4,5 Wall Street | B17*

10 MUSEUM OF JEWISH HERITAGE

„A Living Memorial to the Holocaust": Das sternförmig angelegte Granitgebäude wurde als Tribut und Erinnerung an die 6 Mio. Opfer des Holocausts der Nazis errichtet. Gegenstände des jüdischen Alltagslebens und des Lebens im Konzentrationslager werden mit Szenen aus Dokumentarfilmen unterlegt. *So, Mi, Do 10–17, Fr 12–17 Uhr | 36 Battery Place | Eintritt $ 18, Do 16–20 Uhr auf freiwilliger Spendenbasis | mjhnyc.org | Subway 1 South Ferry, 4, 5 Bowling Green | 2 Std. | A17*

11 THE SKYSCRAPER MUSEUM

Entdecke die Architektur und Geschichte der Hochhäuser Manhattans! In diesem kleinen Museum steht unter anderem das letzte existierende Original-Architekturmodell des World Trade Center. Die Böden und Decken aus poliertem Stahl reflektieren die Modelle und strecken sie ins Unendliche. *Do–Sa 12–18 Uhr | 39 Battery Place | Eintritt frei, vorab Tickets auf der Website buchen | skyscraper.org | Subway R, 1 Rector Street, 4, 5 Bowling Green | 1 Std. | A17*

12 BATTERY PARK

Vom Battery Park aus fahren die Fähren nach Ellis Island und zur Statue of Liberty. Es gibt hier eine alte Befestigungsanlage, mehrere Denkmäler, Imbissstände und vor allem viel Grün – von hier aus kannst du die ganze Westseite entlang bis zur Nordspitze Manhattans durch Parkanlagen spazieren.
Mit Kindern lohnt sich eine Runde auf dem *Seaglass Carousel (tgl. 11–21 Uhr | $ 5,50 | seaglasscarousel.nyc)*, das die Kleinen in bunten Fischen sitzend durch eine fantasievolle Unterwasserwelt schaukelt. *Subway 1 South Ferry 4,5 Bowling Green | A18*

13 NATIONAL MUSEUM OF THE AMERICAN INDIAN

Das alte Zollgebäude am Hafen von New York beherbergt eine Ausstellung über die Ureinwohner Amerikas. Der New Yorker Banker George Gustav Heye sammelte Alltagsdinge: Pferdeschmuck, Kleidung, Zelte und vieles mehr. Außerdem gibt es Wechselausstellungen junger Künstler zu sehen – und das ganze Angebot völlig umsonst. *Tgl. 10–17 Uhr | 1 Bowling Green | Eintritt frei | americanindian.si.edu | Subway 1 South Ferry, 4, 5 Bowling Green | 2–3 Std. | A18*

14 STATUE OF LIBERTY ★

Seit 1886 schaut „Lady Liberty" etwas streng gen Osten – nach Europa. Der französische Bildhauer Frédéric-Auguste Bartholdi gestaltete sie als Symbol für die politischen Ideale der USA. Die grüne Dame ist 46 m hoch (der Sockel noch einmal 47 m) und wiegt 225 t.
Du näherst dich der Lady über den Sockel und über ein Museum, das unter

anderem die Originalfackel zeigt und beeindruckende Panoramablicke über Statue und Skyline bietet. *Fähren 9–16.30 Uhr alle 25 Min. nach Liberty und Ellis Island, vom Office der Circle Line im Castle Clinton in Battery Park | bis zu eine Stunde Wartezeit (Sicherheitschecks); keine großen Taschen erlaubt | Kosten $ 24 (inkl. Zugang zum Sockel der Freiheitsstatue und Ellis Island) | statuecruises.com | Subway 1 South Ferry, 4, 5 Bowling Green | 5–6 Std. (inklusive Ellis Island) | A21–22*

15 ELLIS ISLAND

Rund 12 Mio. Einwanderer betraten in diesem Durchgangslager zum ersten Mal amerikanischen Boden. Auf der kleinen Insel in der New York Bay war es zwischen 1892 und 1954 mehr als 60 Jahre lang in Betrieb. Restauriert wurde bislang nur das Hauptgebäude mit einem interessanten Museum zum Thema Einwanderung. Vielleicht gibst du auch deinen Nachnamen ein und findest womöglich Spuren von Verwandten *(heritage.statueofliberty.org/passenger)*? *Infos s. Statue of Liberty, da der Besuch kombiniert wird | Eintritt inklusive deutschsprachiger Audiotour | libertyellisfoundation.org | Subway 1 South Ferry, 4, 5 Bowling Green | A–B19–20*

Wahrzeichen: Statue of Liberty

16 STATEN ISLAND FERRY ★

Der schönste Blick auf die Skyline: mit der Fähre nach Staten Island und zurück, vorbei an „Lady Liberty" und Ellis Island – und das alles ganz umsonst! Beim Einsteigen in Manhattan am besten schnell einen Balkonplatz auf der rechten Seite der Fähre sichern. *Durchgehend alle 30 Min., zur Rushhour alle 15 Min. | 4 S Street/Whitehall Street | siferry.com | Subway 1 South Ferry | B18*

17 SOUTH STREET SEAPORT

Die alte Hafengegend gehört zu den ältesten noch erhaltenen Quartieren der Stadt, allerdings wurde das Viertel 2012 von Wirbelsturm Sandy hart getroffen. Seitdem hat es eine beeindruckende Renaissance erlebt. Heute finden sich in den alten Gebäuden, die an Pflastersteinstraßen liegen, moderne Restaurants, Geschäfte, ein kleines Museum zur Geschichte der Gegend – und direkt am Wasser ein Einkaufszentrum, auf dessen Dach du einen Panoramablick über Skyline und Brooklyn Bridge genießt. Im Veranstaltungszentrum treten im Sommer Bands auf, im Winter wird eine Schlittschuhbahn aufgebaut. *Subway A, C, J, Z, 2, 3, 4, 5 Fulton Street* | C17–18

Schöner (und teurer) shoppen in SoHo

CHINATOWN, LITTLE ITALY & SOHO

Die ethnische Vielfalt New Yorks ist in diesen Vierteln besonders auffällig. Gerüche, Geschmäcker und Kulturgut aus vielen Ländern der Welt – und reges Treiben auf den Straßen: Hier kann man um die Welt reisen, ohne die Stadt zu verlassen.

Chinesische Lebensmittelläden, Pizzabäcker, Edelboutiquen, teure Galerien, vietnamesische Restaurants und italienische Cafés laden ein zum Schauen, Staunen, Ausprobieren und sich mitreißen lassen! Ein *Chinatown* gibt es inzwischen an mehreren Orten in der Stadt, aber das Original liegt hier in Manhattan. Gegen Ende des 19. Jhs. wanderten die ersten Chinesen ein, breiteten sich – vor allem, nachdem sie endlich Immobilien erwerben durften – immer weiter aus und dominieren die Gegend mit ihren Geschäften, Restaurants, Bäckereien und Marktständen bis heute. New Yorker aus allen Ecken der Stadt kommen hierher für das vielfältigste, günstigste und leckerste Essen.

Die italienischen Immigranten, die sich seit Anfang des 20. Jhs. in *Little Italy* niederließen, haben es nicht leicht: Aus Chinatown drängt ein Strom neuer Einwanderer über die alte Grenze Canal Street. In die teureren Apartments ziehen Yuppies, und auf den Straßen drängeln sich Touristen. Doch beim Cappuccino im Stra-

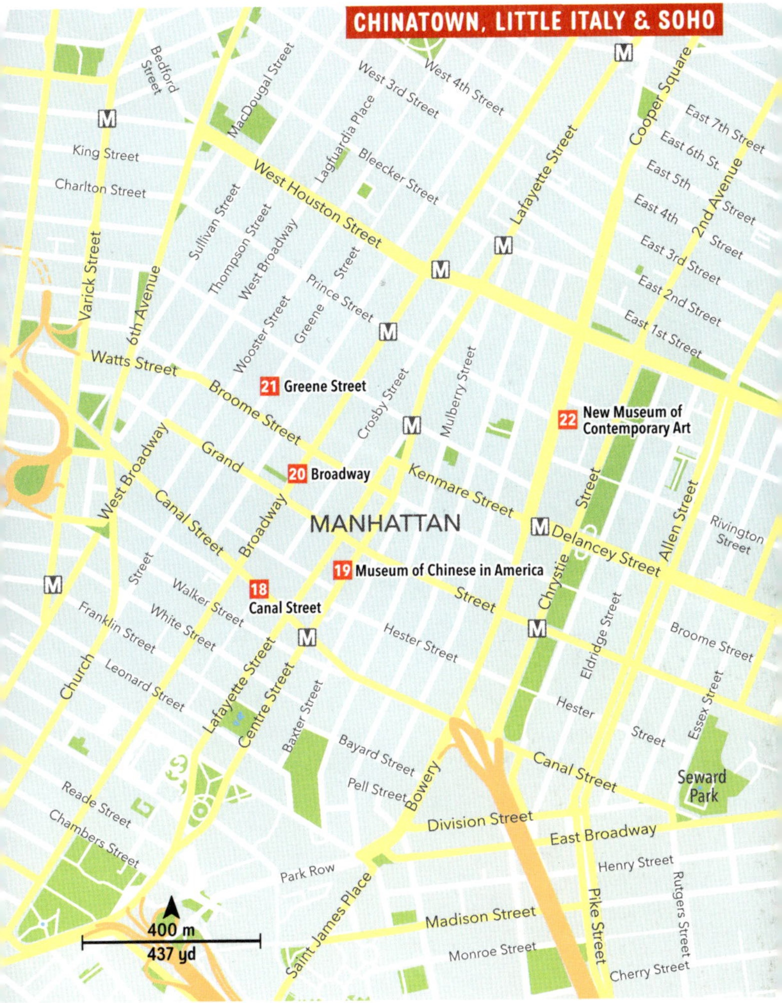

ßencafé lässt sich noch immer italienisches Flair spüren. Westlich von Little Italy liegt *SoHo*. Der Name steht für *So*uth of *Ho*uston Street (die echte New Yorker übrigens „Hausten" Street aussprechen).

INSIDER-TIPP
Wie die New Yorker

Das Viertel zwischen Broadway und Avenue of the Americas wurde Anfang der 1970er von Künstlern entdeckt. Galerien und Boutiquen rückten nach. Heute ist SoHo eine der besten Einkaufsgegenden der Stadt – auch wenn alles ziemlich teuer ist.

Einkaufen wie in Fernost: chinesisches Geschäft in der Canal Street

18 CANAL STREET

Die Canal Street trennt die beiden Viertel West Village und SoHo von ihrem Nachbarn TriBeCa, und Little Italy grenzt hier an Chinatown. Je weiter östlich du kommst, desto chinesischer wird die Straße – und es gibt nichts, was hier nicht verkauft wird, allerdings eher selten im Original. *Subway A, C, E, N, Q, R Canal Street* | *B14*

19 MUSEUM OF CHINESE IN AMERICA

Wer mehr über die Einwanderung der Chinesen nach Amerika lernen möchte, der ist in diesem überschaubaren, aber interessanten Museum richtig. Neben der Dauerausstellung gibt es häufig spannende Sonderschauen und einen süßen Museumsladen. Und wer sich zudem über die italienischen Einwanderer informieren möchte, der geht ein paar Ecken weiter ins *Italian American Museum (155 Mulberry Street* | *italianamericanmuseum.org)*, das bei Redaktionsschluss kurz vor der Wiedereröffnung nach der Renovierung stand. *Do 11–21 Uhr, Fr–So 11–18 Uhr* | *215 Centre Street* | *Eintritt $ 12* | *mocanyc.org* | *Subway 4, 5, 6, J, Q, R Canal Street* | *1–2 Std.* | *C15*

20 BROADWAY

Mittendurch verläuft die berühmteste Straße, die auch die längste ist – und die schrägste: Der Broadway zieht sich von Manhattans Südspitze fast 20 km lang nach Norden und zwar als einzige Ausnahme nicht im gradlinigen Straßenraster. Er windet sich von der Ostseite quer durch Midtown an die Upper West Side und nach Harlem, immer entlang eines Pfades, den einst die Lenape-Ureinwohner für ihren Handel etabliert hatten. *Subway B, D, F, M Broadway-Lafayette* | *A17*

21 GREENE STREET

SoHo ist bekannt für seine gut erhaltenen *cast-iron*-Gebäude an den Kopfsteinpflasterstraßen. Kunstvolle gusseiserne Fassadenteile und frei tragende Decken charakterisieren diese Industriearchitektur des 19. Jhs. Besonders viele davon liegen in der Greene Street. Von innen sehen kannst du so ein Gebäude beispielsweise im aufwendig renovierten früheren Wohnhaus des Künstlers Donald Judd *(Führungen Di–Sa, vorab online buchen | Eintritt $ 27,50 | 101 Spring Street | juddfoundation.org | Subway 6 Spring Street).* *C14*

INSIDER-TIPP
Hinter gusseisernen Fassaden

22 NEW MUSEUM OF CONTEMPORARY ART

Hat da jemand riesige Schuhkartons aufeinandergestapelt? Passend zum Äußeren von Manhattans originellstem Museumsbau findest du in seinem Inneren die brandaktuelle Avantgarde der modernen Kunst. *Di–So 11–18, Do bis 21 Uhr | 79 Essex Street, zw. Delencey und Broom Street | Eintritt $ 18 , Do ab 19 Uhr auf freiwilliger Spendenbasis | newmuseum.org | Subway B, D, F, M Broadway-Lafayette | 1–2 Std. | D14*

GREENWICH VILLAGE, EAST VILLAGE, LOWER EAST SIDE & CHELSEA

Bis in die 1960er-Jahre war der Stadtteil Greenwich Village die Domäne von Schriftstellern, Künstlern und Professoren der New York University.

Heute ist er zu einer teuren Wohngegend ohne Wolkenkratzer geworden. Viele Häuser besitzen noch immer besonders prächtige Treppenaufgänge. Manche der sogenannten *brownstones* und *townhouses* stammen vom Beginn des 19. Jhs. Die schmalen Straßen tragen meist Namen, keine Nummern wie anderswo in Manhattan. Im Osten von Greenwich liegt das besonders bei jungen Leuten beliebte *East Village*. Das alte jüdisch-polnisch-russische Viertel zwischen Bowery und Avenue A sowie 1st und 12th Street galt lange als eines der Künstlerviertel der Metropole am Hudson. Nach deutlichen Mietsteigerungen sind viele Künstler weitergezogen nach Brooklyn und Queens. Der *street chic* aber, die Mode, die auf der Straße erfunden wird, ist hier immer noch zu Hause ebenso wie preiswerte Restaurants verschiedener Nationalitäten für eine kulinarische Weltreise.

Berühmt – und berüchtigt – wurde die *Lower East Side* Ende des 19. Jhs, als viele Einwanderer aus Europa hier wohnten. Wie ärmlich sie in der neuen Heimat lebten, kannst du hautnah im Tenement Museum erleben. Heute steht das Viertel für Aufbruch, Kreativität und vibrierende Energie. Erkunde die kleinen Galerien, winzigen Designerläden und schrägen Bars.
Chelsea war einst die Partymeile der LGBTQ-Community. Heute ist das Viertel, das unter anderem mit der Popularität des High Line Parks punkten kann, zu einem der teuersten der Stadt geworden und beherbergt jede Menge schicke Galerien.

23 WASHINGTON SQUARE

Bühne frei für Gaukler, Pantomimen, Rap-Dancer, Pianisten, Seifenblasen-Künstler und viele mehr! Viel buntes Leben auf dem Platz mit bewegter Vergangenheit. Auf ihm steht der Washington Arch, ein Triumphbogen zur Erinnerung an den 100. Jahrestag der Regierungsübernahme des ersten US-Präsidenten George Washington, und er war einst Friedhof und Richtstätte. Heute findet sich im Südwesten des Parks ein kleiner, aber feiner Kletterspielplatz, der ideal ist für Familien-Picknicks. Aber es tummeln sich nicht nur spielende Kinder auf einem der wenigen Fleckchen Grün in Downtown, sondern auch Straßenmusiker, Jogger und Studenten, und die Stimmung hat rund um die Uhr etwas Magisches. *Subway A–F, M West 4th Street* | *D13*

INSIDER-TIPP
Fürs City-Picknick mit Kids

Schachmatt am Washington Square – wer Lust hat, tritt zum königlichen Duell an

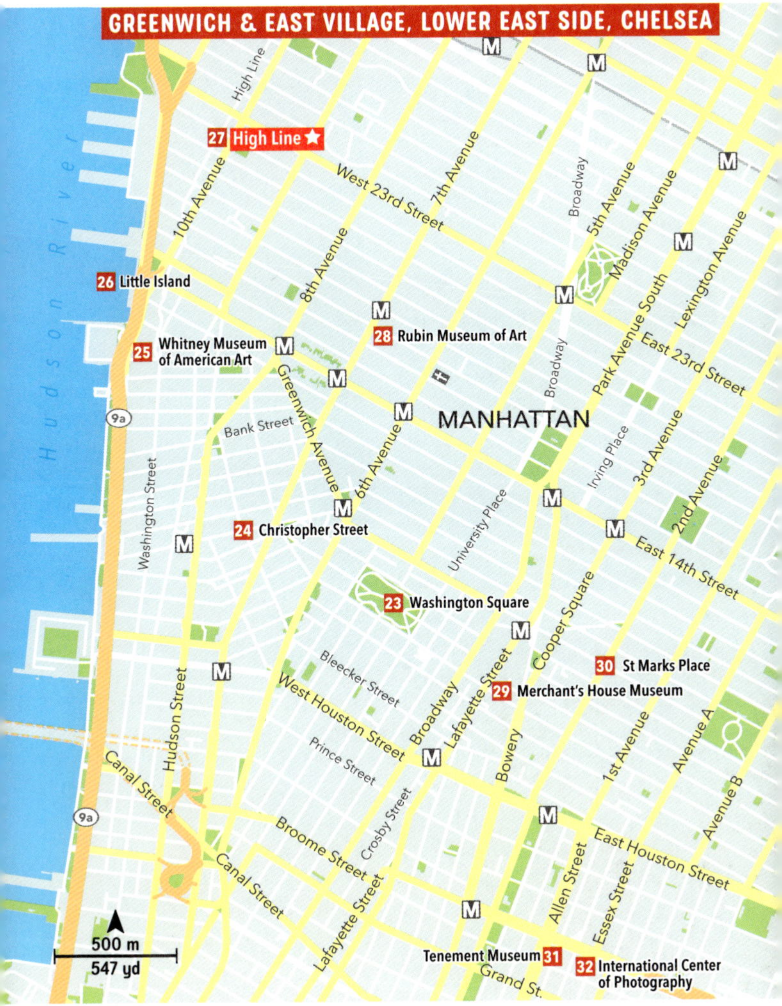

24 CHRISTOPHER STREET

Im Herzen von Greenwich Village liegt das Zentrum von New Yorks *LGBTQ-Community* mit Kneipen, Bars und Shops und als Symbol von Respekt und Akzeptanz. *Subway 1 Christopher Street* | *B–C12*

25 WHITNEY MUSEUM OF AMERICAN ART

Das hochgelobte Gebäude des Architekten Renzo Piano steckt nicht nur voll amerikanischer Kunst des 20. Jhs., sondern auch voll lichtdurchfluteter Galerien und Terrassen mit traumhaften Ausblicken. *Mo, Mi, Do 10.30–18, Fr 10.30–22, Sa, So 11–18 Uhr | 99 Gansevoort Street | Eintritt $ 25, Fr ab 19 Uhr auf freiwilliger Spendenbasis | whitney.org | Subway A, C, E, L 14 Street | 2 Std. | B11*

26 LITTLE ISLAND

Der Medien-Mogul Barry Diller hat der Metropole eine ihrer neuesten Attraktionen spendiert: eine Parkinsel auf Stelzen im Hudson River. Tag wie Nacht ein spektakulär schöner Ort für ein Picknick. *Tgl. 6–24 Uhr, für Stoßzeiten Tickets reservieren | Eintritt frei | Park West 13th Street | littleisland.org | Subway A, C, E, L 14 Street | B11*

27 HIGH LINE ★

Direkt am Whitney Museum of American Art führt die High Line vorbei, jene zu einem Park umfunktionierte Hochbahntrasse, auf der du mehr als 2 km weit, umgeben von Blumen und Bäumen und bei Panoramablicken, gen Norden schlendern kannst. *thehighline.org | B–C 9–11*

28 RUBIN MUSEUM OF ART

Bilder aus Bhutan, Stoffe aus China, Skulpturen aus Tibet: Dieses atmosphärische Museum in Chelsea zeigt buddhistische Kunst aus dem Himalaja, manches jahrhundertealt, anderes brandneu. Und zum Schluss gibt's noch einen Cocktail, einen Salat oder eine asiatische Kleinigkeit in der hippen Bar. *Do, Sa, So 11–17, Fr 11–22 Uhr | 150 W 17th Street/zw. 6th und 7th Av. | Eintritt $ 19, Fr ab 18 Uhr frei | rubinmuseum.org | Subway F, L, M 14 Street | 1–2 Std. | D11*

29 MERCHANT'S HOUSE MUSEUM

Das Haus eines reichen Eisenwarenhändlers ist das einzige der Stadt aus dem 19. Jh, das samt Einrichtung erhalten geblieben ist. *Do–So 13–17, Juni–Aug. Do 13–20, Sa/So 13-17 Uhr | 29 E 4th Street/zw. Lafayette Street und Bowery | Eintritt $ 15 | merchantshouse.org | Subway 6 Astor Place | 1 Std. | D13*

30 ST MARKS PLACE

Es sind nur drei Straßenblocks, in denen die 8th Street St Marks Place heißt, aber sie waren schon immer das cool-lässige Einfallstor ins East Village: Secondhand-Läden, Restaurants aller Nationalitäten und grandioses *people watching. Subway 6 Astor Place | E13*

31 TENEMENT MUSEUM

Sie kamen aus Polen, Deutschland, Irland, der Ukraine und vielen anderen Ländern und bauten New York im 19. Jh. mit auf. Doch viele der Einwan-

Ein Park auf Stelzen und im oberen Stockwerk: Sonnenbaden auf der High Line

derer lebten unter ärmlichsten Bedingungen, zusammengepfercht in Mini-Wohnungen, sogenannten *tenements*.

INSIDER-TIPP
Menschen, die New York aufbauten

Das beeindruckende Museum erzählt auf fantasievollen Touren durch ein renoviertes *tenement* und durch die Lower East Side ihre Geschichte(n). *Tgl. 10–18 Uhr | 103 Orchard Street | Eintritt $ 30 | tenement.org | Subway A, C, E, F, M, J, Z Delancey St - Essex St | 2–3 Std. | E15*

32 INTERNATIONAL CENTER OF PHOTOGRAPHY

Videos, Kunst, Projekte, Fotojournalismus, Vorträge: Das hippe Fotomuseum zeigt wechselnde Ausstellungen anerkannter Fotografen und des begabten Nachwuchses. Dazu gibt es im Foyer ein nettes Café und einen gut ausgestatteten Shop. *Mi–Mo 11–19, Do bis 21 Uhr | Eintritt $ 16, Do ab 18 Uhr auf freiw. Spendenbasis | 79 Essex Street, zw. Delencey und Broom Street | icp.org | Subway F, J, M, Z Delancey Street-Essex Street | 1–2 Std. | D14*

MIDTOWN

In Midtown hetzen die Menschen durch die Hochhausschluchten, denn hier wird gearbeitet.

Wie gut, dass du es nicht eilig hast! So kannst du in Ruhe Schönheiten wie das Art-déco-Gebäude des Chrysler Building und das renovierte Grand Central Terminal bewundern, über elegante Gebäude mit Luxuswohnungen staunen und tolle Museen besuchen. Abends geht es dann an den Broadway, ins Musical, Theater oder Konzert.

33 THE EDGE

Von der höchsten Outdoor-Aussichtsplattform der westlichen Welt hast du einen spektakulären Blick. Drum herum gibt es im neugebauten Viertel Hudson Yards zum Beispiel auch noch die Veranstaltungshalle *The Shed* und das Kunstwerk *The Vessel*. *Tgl. 8–24 Uhr | 30 Hudson Yards | Eintritt ab $38 | edgenyc.com | Subway 7, 34 Street-Hudson Yards* | *C9*

34 MUSEUM OF SEX

In diesem Museum an der Fifth Avenue geht es heiß her. Das Museum of Sex erklärt Historisches und zeigt auch Kunst, aber hauptsächlich werden hier die Wonnen von und das Geschäft mit Erotik und Sexualität thematisiert. *Mo, Mi, Do 13–22, Fr 13–24, Sa 12–24, So 12–22 Uhr | Eintritt ab 18 Jahren, ab $36 | 233 5th Av./27th Street | museumofsex.com | Subway N, R 28th Street | 1–2 Std.* | *E10*

Eine Ikone unter den Hochhäusern: das Empire State Building

35 EMPIRE STATE BUILDING ★

443 m bis zur Spitze des Blitzableiters, 102 Stockwerke aus Granitstahl: Dieser 1931 nach nur 18 Monaten Bauzeit eingeweihte Wolkenkratzer ist eines der Wahrzeichen New Yorks. Nachts wird er farbig angestrahlt, am Nationalfeiertag, dem 4. Juli, zum Beispiel rot-weiß-blau. Im Hochgeschwindigkeitsaufzug geht's zu den frisch renovierten Aussichtsplattformen, von denen der Blick bei gutem Wetter locker 80 km weit reicht. En Besuch zum Sonnenaufgang ist besonders schön. *Tgl. 11–24 Uhr | 350 5th Av./34th Street | Eintritt ab $ 44 | esbnyc.com | Subway B, D, F, M, N, Q, R 34 Street-Herald Square | 1–2 Std.* | *E9*

36 FIFTH AVENUE ★

Manhattans Paradestraße: Hier finden die großen Umzüge statt und hier zeigt sich New York mit seinen glanzvollen Geschäften (wie der Juwelier Tiffany & Co. und das Nobelkaufhaus Bergdorf Goodman), seinen prachtvollen Museen (Metropolitan Museum, Guggenheim Museum), der eindrucksvollen Architektur des Rockefeller Center und der Größe des Empire State Building von der aufregendsten Seite. Die Fifth Avenue, die

im Süden am Washington Square beginnt und bis ans Ende der Insel im Norden läuft, liefert dir zudem eine wichtige Orientierungshilfe im Stadtdschungel: Sie halbiert nämlich Manhattans nummerierte Straßen in *west* (W) und *east* (E). *D13*

37 BRYANT PARK

Auch das gibt's mitten in Manhattan: einen Park mit WLAN! Du kannst aber auch Schach oder Tischtennis spielen, Yoga machen, die Kinder aufs Karussell setzen oder abends im Freiluftkino einen Film schauen. Alles kosten-

INSIDER-TIPP
Idealer Pausen-Stopp im Grünen

los. Im grünen Juwel zwischen den *skyscrapern* macht Pausieren einen Riesenspaß – und es gibt die wohl sauberste und schönste öffentliche Toilette der Stadt. *42nd Street/zw. 5th u. 6th Av. | bryantpark.org | Subway: B, D, F, M 42 Street-Bryant Park |* *F8*

38 NEW YORK PUBLIC LIBRARY

Die altehrwürdige Zentrale des New Yorker Bibliotheksnetzwerks hat in so vielen Filmen mitgespielt, dass sie fast schon ikonenhaft fürs öffentliche Lesen steht. Steinerne Löwen flankieren den Eingang des 1911 erbauten Beaux-Arts-Baus. Dass sie „Patience" (Geduld) und „Fortitude" (Kraft) heißen, lernen in New York schon kleine Kinder. Der holzgetäfelte Lesesaal bietet Computer und Internetanschlüsse, dazu gibt es spannende Ausstellungen. Zu den Kostbarkeiten der Bibliothek gehören ein Entwurf der Unabhängigkeitserklärung von Thomas Jefferson, eine Gutenberg-Bibel und Handschriften von Galileo Galilei.
Einen schönen (und kostenlosen) Blick auf Bibliothek und Bryant Park hast du von der Neuen Dachterrasse der Bibliotheksfiliale schräg südöstlich gegenüber an der Fifth Avenue. *Mo, Do–Sa 10–18, Di, Mi 10–20, So 13–17 Uhr, im Sommer Sa–Mo geschlossen | Gratistouren (Reservierung): nypl.org/events/tours/schwarzman | 476 5th Av. | nypl.org | Subway B, D, F, M 42 Street |* *F9*

39 GRAND CENTRAL TERMINAL

2,5 Mio. m³ Erde wurden ausgehoben, 25 km Schienen verlegt und 18 000 t Stahl verarbeitet, um 1913 den für eine Metropole wie New York angemessenen Bahnhof zu errichten. Mehr als 150 000 Menschen kamen vor mehr als 100 Jahren zur Eröffnung des Grand Central Terminal. Die gewaltige Halle ist größer als das Kirchenschiff von Notre Dame in Paris, die Fassade mit Beaux-Arts-Elementen geschmückt. Auf das Deckengewölbe über den bis zu 25 m hohen Fenstern sind 2500 Sterne des Winterhimmels gemalt. Längst laufen hier allerdings nur noch Pendlerzüge aus den Vororten ein. Restaurants und Imbissstände (im Untergeschoss) sowie viele Geschäfte füllen die Arkaden. Von den Emporen bietet sich ein toller Blick. Im Untergeschoss gibt es eine Überraschung: Stell dich vor der Oyster Bar in eine der vier Säulen-Ecken, deine Begleitung schräg gegenüber und flüstere los!

INSIDER-TIPP
Flüsterpost im Bahnhof

Eine spannende Tour durch das Gebäude bietet die *Municipal Art Society of New York (tgl. 12.30 Uhr | Treffen Eingang zu Gleis 29/Main Concourse | $ 30 | Tel. 1 212 4 64 82 55 | nyc.docentour.com).* Auf den Bahnhof herunterschauen kannst du neuerdings von einer Aussichtsplattform nebenan: aus der Spitze des neuen Riesen-Wolkenkratzers *One Vanderbilt (Eintritt $39 | summitov.com)*, Instagram-würdige Spiegel-Installation inklusive. *Subway 4–7, S Grand Central |* *F9*

40 CHRYSLER BUILDING

Das Art-déco-Gebäude von 1930 ist nach wie vor der unbestrittene Wol-

So schön können Bibliotheksbesuche sein: die atmosphärische New York Public Library

kenkratzer-Favorit der New Yorker. Auch wenn du nicht aufs Dach fahren darfst – die Lobby mit dem Marmorboden, den Wandmalereien und den 18 Fahrstühlen, deren Türen aus vielerlei Holzarten bestehen, ist frei zugänglich. Weil der Architekt William van Alen den *skyscraper* für den Automobilkonzern Chrysler baute, spielt das elegante Design auf die chrombefrachteten Autos jener Zeit an: auf Kühlergrill und Kühlerhaube. *405 Lexington Av./zw. 42nd u. 43rd Street | Subway 4–7, S Grand Central | ⊞ G9*

41 UNITED NATIONS

Hier trifft sich die Welt: Der aus drei Gebäuden bestehende Wolkenkratzerkomplex ist Hauptsitz der Vereinten Nationen. Wenn du schon immer mal am selben Pult wie Joe Biden, Annalena Baerbock oder der Papst stehen und über den Weltfrieden sprechen wolltest, dann buch eine Tour – die gibt es auch auf Deutsch. *Mo–Fr 9.30–16.45 Uhr, | 1st Av./46th Street | Eintritt $ 22 | visit.un.org | Subway 6 51 Street | ⏲ 1–2 Std. | ⊞ H9*

42 MADISON AVENUE

Die 1960er waren die goldenen Zeiten für die „Mad Men", die Madison Avenue-Männer. Selten wurde bei gepflegten Macho-Allüren im Fernsehen so viel geraucht und gebechert wie in den Büros der gleichnamigen Kult-TV-Serie. Der Blick in die Welt der New Yorker Werbeindustrie, für die die Madison Avenue immer noch Inbegriff und beste Adresse ist, war wohl nah dran an der Realität. Heute feiert sich die Avenue vor allem als längste Edel-Shoppingmeile der Welt. Hier gibt's alles, was in der Haute Couture Rang und Namen hat. *⊞ E11*

43 ST PATRICK'S CATHEDRAL

Die größte katholische Kirche Amerikas bietet Platz für 2500 Gläubige – und ist der perfekte Ort, um mitten im Trubel der Fifth Avenue zu verschnaufen und in der Stille tief Luft zu holen. Das neugotische Gotteshaus aus Stein und Marmor, 1879 dem Schutzheiligen der Iren geweiht, ist Sitz der Erzdiözese New York. *5th Av./50th Street | Subway B, D, F, M 47–50 Street | G8*

44 ROCKEFELLER CENTER ★

Der Ölmilliardär John D. Rockefeller Jr. ließ 228 Häuser abreißen, um während der 1930er-Jahre eine „Stadt in der Stadt" zu bauen. Zum Komplex gehören 14 Wolkenkratzer, darunter das 70-stöckige *Comcast Building (*früher als *General Electric Building* bekannt*)*, Plätze, Gärten, die *Radio City Music Hall*, das Auktionshaus *Christie's* und der Fernsehsender *NBC*. Auf der Höhe des 70. Stockwerks liegt die Aussichtsterrasse *Top of the Rock (Eintritt $ 40 | topoftherocknyc.com)* mit spektakulärem Blick über Midtown Manhattan und den Central Park.

Du kannst das Geld auch in einen Drink im berühmten Rainbow Room im 65. Stock stecken, von wo aus der Blick nicht weniger eindrucksvoll ist. Ab Mitte November sorgt das Rockefeller Center für besondere New-York-Gänsehaut-Momente: Dann steht auf dem Platz in der Mitte der größte Weihnachtsbaum der Stadt und direkt daneben liegt eine Schlittschuhbahn.

30 Rockefeller Plaza/zw. 49th u. 50th Street | rockefellercenter.com | Subway B, D, F, M 47–50 Street | 2–3 Std. | F7

45 RADIO CITY MUSIC HALL

In die Art-déco-Konzerthalle im Rockefeller Center passen 6000 Besucher. Bei der Eröffnung 1932 galt sie als größte der Welt. Heute gibt es hier Konzerte aller Art und eine beliebte Weihnachtsshow mit den berühmten Rockettes, dem beineschwingenden Tanzensemble. *1260 Av. of the Americas | msg.com/radio-city-music-hall | Subway B, D, F, M 47–50 Street | F7*

46 THEATER DISTRICT

Einmal hier Silvester feiern steht vielleicht auch auf deiner Wunschliste ganz oben: Am *Times Square* begrüßen mehr als 1 Mio. Menschen mit Musik, Konfetti und dem *ball drop* – dem Absenken des Zeitballs auf dem Gebäude One Times Square – das neue Jahr. Allerdings muss man dafür schon ab dem Vormittag anstehen. Blinkende Neonreklamen, verkleidete Darsteller, die Fotos anbieten, Musicals und *people watching* gibt es hier auch an allen anderen Tagen des Jahres. Vor den Shows geht es ins neue *Museum of Broadway (Eintritt $39 | 145 West 45th Street | themuseumof broadway.com)* und nach den Shows zum Essen in die *Restaurant Row* in der 46th Street zwischen Eighth und Ninth Avenue. *Subway N, R, S, 1–3, 7, Q 42 Street/Times Square | E7*

Es gibt höhere Aussichtsplattformen – aber die des Rockefeller Center ist ganz besonders

Und die Stadt schaut durch die Glasfassade: Luxus im One Columbus Circle

47 MUSEUM OF MODERN ART ★

Das frisch umgebaute und erweiterte MoMA gilt vielen als das beste der Welt, weil es einen Überblick über die Kunst des 20. Jhs. bietet – mit Meisterstücken unter anderem von Matisse, van Gogh, Frida Kahlo und Picasso. 200 000 Kunstwerke der Spitzenklasse hat das Museum seit 1929 gesammelt, dazu gibt es Designklassiker, Filme und herausragende Sonderausstellungen. Lass dich treiben und inspirieren – und erhol dich nach dem Kunstmarathon dann im schönen Skulpturengarten oder bei einem Bummel durch den großartigen Shop. *So–Fr 10.30–17.30, Sa 10.30–19 Uhr | 11 W 53rd Street/zw. 5th u. 6th Av. | Eintritt $ 25 | moma.org | Subway B, D, F, M 47–50 Street | 2–3 Std. | G7*

48 SONY BUILDING (550 MADISON AVENUE)

Das von Philip Johnson aus rosafarbenem Granit gebaute Hochhaus gehört zu den wichtigsten Wolkenkratzern der Postmoderne – ein Blick in die Lobby macht deutlich, warum nicht nur Architekten Fans sind. *550 Madison Av. | Subway N, R 5 Av./59 Street | G7*

49 TRUMP TOWER

Ein Denkmal das sich Donald Trump 1983 selbst gesetzt hat, als er noch New Yorks skandalumwitterter Baulöwe war und kein (Ex-)Präsident der USA. Seit er im Weißen Haus gelebt hat, ist er nur noch selten in seinem Penthouse in dem mehr als 200 m hohen protzigen Wohnturm mit goldenen Rolltreppen und Wasserfällen.

Die Lobby bietet Restaurants und Läden, auf fast alles ist der Name Trump gestempelt. *725 5th Av./zw. 56th u. 57th Street | Subway N, R 5 Av./59 Street | 🕮 G7*

50 ROOSEVELT ISLAND TRAMWAY

Etwa alle 15 Minuten schwebt eine Drahtseilbahn nach Roosevelt Island über den East River. *So–Do 6–2, Fr/Sa 6–3.30 Uhr | Eingang: 59th Street u. 2nd Av. | Preis $ 2,75 (Metrocard) | rioc.ny.gov | Subway N, R, 4–6 Lexington Av./59th Street | 🕮 H7*

51 ONE COLUMBUS CIRCLE

229 m hoch sind die Zwillingstürme am Columbus Circle. Drinnen gibt es ein Hotel, eine riesige Shopping Mall, Jazz-Konzerthallen und schicke Restaurants. *10 Columbus Circle | theshopsatcolumbuscircle.com | Subway A–D, 1 59 Street-Columbus Circle | 🕮 F6*

UPTOWN & CENTRAL PARK

Uptown stand immer für die eleganten und gebildeten New Yorker – für die, die es geschafft haben.

Das ist sicher vereinfacht und auch zunehmend nicht mehr richtig, denn die Erfolgreichen ziehen jetzt nicht selten gen Süden nach TriBeCa in ein Riesenloft oder leben im malerischen Greenwich Village. Aber an der Upper East und Upper West Side beindruckt die Architektur, dort liegen viele der großen Museen. Und du kannst einen kleinen Eindruck davon bekommen, wie wohl der Alltag reicher New Yorker Familien aussieht – beim *people watching* zwischen Hunde-Massagesalons, Portiers mit weißen Handschuhen und Gourmetmärkten.

Der Bereich zwischen Hudson und Central Park nennt sich *Upper West Side*. Auf der Columbus Avenue reiht sich eine Boutique an die andere, die Amsterdam Avenue ist eine lebendige Restaurantmeile. Am Broadway findest du traditionelle Gourmetgeschäfte wie *Zabar's*. Kulturelle Magneten sind das Lincoln Center mit der Metropolitan Opera und das Museum of Natural History. Die *Upper East Side* ist traditionell konservativer als ihr westliches Pendant. Das Viertel zwischen Central Park und East River hat seinen am Ende des 19. Jhs. entstandenen Charakter weitgehend bewahrt. Hier liegen Metropolitan und Guggenheim Museum sowie teure Boutiquen und etliche noble Hotels. In *Yorkville*, dem nordöstlichen Teil der Upper East Side, finden sich um die 86. Straße herum noch einige Spuren der deutschen Prägung des Viertels.

52 CENTRAL PARK ★

Ein grüner Riese: Fast doppelt so groß wie das Fürstentum Monaco, erstreckt sich der Park auf eine Fläche von mehr als 340 ha. Die Planungsphase unter Frederick Law Olmsted dauerte zwei Jahrzehnte. 1873 war die grüne Oase dann fertig. Die New Yorker nutzen sie ausgiebig: Sie joggen um das Reservoir und rudern auf dem *See (ab $ 20 pro Stunde, $ 20 Kaution in bar)*, fahren Fahrrad, Inlineskates oder im Winter Schlittschuh auf dem *Wollman Rink (Eintritt $ 14, Fr–So $ 23, Schuhmiete $ 11)*, gehen in den *Central Park Zoo (centralparkzoo.com)* oder treffen sich in einem der Cafés und Restaurants. Im Sommer gibt es kostenlose Konzerte von Klassik bis Rock, dazu Kino unter freiem Himmel und Theater bei *Shakespeare in the Park.*

An den *Strawberry Fields (W 72nd Street)* auf der Westseite des Parks beim Dakota Building lebt die Erinnerung an John Lennon fort, den 1980 ermordeten Beatle. *centralpark nyc.org | Subway A–D, 1 59 Street-Columbus Circle, B, C 72 Street | F–K1–6*

53 FRICK COLLECTION

Die Sammlung im Beaux-Arts-Palast des Industriellen Henry Clay Frick von 1914 gibt einen Einblick in die Kunstbesessenheit reicher Amerikaner: Gemälde unter anderem von Rembrandt, Holbein, Vermeer, Goya und Renoir, dazu zeitgenössische Möbel. Nach dem Kunstrundgang geht es an den Brunnen im Innenhof für ein Päuschen. 2023 soll die Sammlung – nachdem sie ins brutalistische Breuer-Gebäude an der Madison Avenue/75th Street ausgelagert war – in ihren renovierten Palast zurückkehren (auf der Website checken!). *Do–So 10–18 Uhr | 1 E 70th Street/5th Av. | Eintritt $ 22, Do16–18 Uhr auf freiwilliger Spendenbasis | frick.org | Subway 6 68 Street | 1–2 Std. | H5*

54 METROPOLITAN MUSEUM OF ART

Die riesige Freitreppe vor der imposanten Sandsteinfassade des 1870 gegründeten Museums ist ein Lieblingsplatz der New Yorker. Hier macht man gern ein Päuschen – vor oder nach dem Gang durchs „Met", eines der größten und meistbesuch-

Eigentlich ein Reiseziel für sich: das Metropolitan Museum of Art

ten Museen der Welt. Vom Originalbau ist nicht mehr viel zu sehen: An allen Ecken wächst das angesehenste Museum New Yorks mit seinen Erweiterungsbauten in den benachbarten Central Park. Nur ein Viertel der mehr als 3 Mio. Objekte der Sammlung kann überhaupt gleichzeitig gezeigt werden.

Das Museum überwältigt: Wo fängt man an, wo hört man auf? Ein Muss ist der ägyptische Flügel im Erdgeschoss rechts mit dem Tempel von Dendur, im 1. Stock hängen Meisterwerke von Rembrandt, Caravaggio und El Greco. Lass dich am besten einfach treiben: Durch römische, griechische, fernöstliche, mittelalterliche und islamische Kunst, durch Abteilungen für Musikinstrumente, Waffen, Zeichnungen, Drucke, Fotografie und vieles mehr.

INSIDER-TIPP
Drinks und tolle Aussicht

Zwischen April und Oktober solltest du auf keinen Fall den Dachgarten – samt Bar – mit seinem spektakulären Blick über Central Park und Skyline verpassen. Immer beliebter werden außerdem die jährlichen Mode-Ausstellungen. *So–Di, Do 10–17, Fr/Sa 10–21 Uhr | 1000 5th Av. | Eintritt $ 30, das Ticket gilt drei Tage lang und auch für die Zweigstelle Met Cloisters | metmuseum.org | Subway 4–6 86th Street | 3–4 Std. | H–J 3–4*

55 NEUE GALERIE

In dem charmanten Eckhaus hängt deutsche und österreichische Kunst, die für moderne Architektur und Design in den USA wichtige Impulse gesetzt hat. Viele Künstler der Brücke, des Blauen Reiters und des Bauhauses sind vertreten, berühmte Werke unter anderem von Gustav Klimt, Egon Schiele und Paul Klee.

Im *Museumscafé Sabarsky* kannst du österreichische Leckereien und eine Jause in bester Tradition Wiener Kaffeehäuser genießen. Manchmal wird auch ein *cabaret dinner* veranstaltet. *Do–Mo 10–17 Uhr | 1048 5th Av. | Eintritt $ 25 | neuegalerie.org | Subway 4–6 86th Street | 2 Std. | J3*

56 GUGGENHEIM MUSEUM ★

Der ungewöhnliche Bau des amerikanischen Meisterarchitekten Frank Lloyd Wright wird von Kritikern auch schon mal ironisch „Kloschüssel" oder „Parkhaus" genannt. In dem berühmten Gebäude zieht sich eine lange Rampe innen spiralförmig vom Erdgeschoss bis in den 4. Stock hinauf. Darin gibt es wechselnde Ausstellungen moderner Kunst zu sehen. Eine Dauerschau zeigt die Sammlung des Kupferbarons Solomon Guggenheim, mit Arbeiten unter anderem von van Gogh, Monet, Degas und Picasso. *So/Mo, Mi–Fr 11–18, Sa 11–20 Uhr | 1071 5th Av./zw. 88th u. 89th Street | Eintritt $ 25, Sa 18–20 Uhr auf freiwilliger Spendenbasis | guggenheim.org | Subway 4–6 86th Street | 2–3 Std. | J3*

57 MUSEUMSMEILE

Durch das „Met", das Guggenheim, die Frick Collection und die Neue Galerie hast du dich schon durchgearbeitet, aber immer noch nicht genug? Keine Sorge, die Museumsmeile geht noch weiter. Folge der Fifth Avenue Richtung Norden und entdecke das Designmuseum *Cooper Hewitt (Mi–Mo 10–18 Uhr | 2 East 91st Street | Eintritt $ 18 | cooperhewitt.org | J3)* und das *Jüdische Museum (Fr–Mo 11–18, Do 11–20 Uhr | 1109 5th Av./92nd Street | Eintritt $ 18 | thejewishmuseum.org | J3)* mit tollen Sonderausstellungen. Oder lerne alles über die Geschichte der Stadt im *Museum of the City of New York (Fr–Mo 10–17, Do 10–21 Uhr | 1220 5th Av./103rd Street | Eintritt $ 20 | mcny.org | K1)* und erlebe am Ende noch hispanische Kunst im *El Museo del Barrio (Do–So 11–17 Uhr | 1230 5th Av. | Eintritt $ 9 | elmuseo.org | K1).*

58 CENTRAL PARK WEST

Ende des 19. Jhs. mussten sich geschäftstüchtige Bauherren etwas einfallen lassen, um die Mieter von der Fifth Avenue in den damals noch gar nicht so vornehmen Westen zu locken. Also wurden die Innenräume der Apartments in riesigen Ausmaßen angelegt und das entsprechende Dienstpersonal gleich mitgestellt. Es entstanden neben dem *Dakota* an der Nordseite der 72nd Street – dem Gebäude, vor dem der Beatles-Sänger und -Gitarrist John Lennon 1980 von einem geistig verwirrten Fan erschossen wurde – unter anderem das *Beresford (81st Street)*, das *San Remo (74th/75th Street)* und das *Hotel Des Artistes (1 W 67th Street)*. Hineingehen darf man nicht, aber staunend vorbeischlendern. *Subway B, C 72 Street* | *F–J 1–5*

59 AMERICAN MUSEUM OF NATURAL HISTORY ★

Ein ber 30 m langer Blauwal, noch größere Dinosaurierskelette, Edelsteine, Meteoriten und vieles mehr: Das AMNH beherbergt rund 36 Mio. Objekte und ist nicht nur für Kinder eine Schatztruhe. Hier geht es um die Lebensgewohnheiten der Ureinwohner des Kontinents, die Entstehung der Organismen, der Ökosysteme und des ganzen Universums. *Mi–So 10–17.30 Uhr* | *Central Park W/79th Street* | *Ein-*

Spirale der Kunst: das weltberühmte Gebäude des Guggenheim Museums

tritt $23 | amnh.org | Subway B, C 81 Street | ⏲3–4 Std. | 🕮 G3

60 NEW YORK HISTORICAL SOCIETY

Das älteste Museum der Stadt (von 1804) zeigt Fotos von 1850 bis heute, unzählige Alltagsdinge, Zeitungen, Briefe und eine beeindruckende Sammlung von Glaslampen von Louis C. Tiffany. *Di–Do, Fr 11–20, Sa/So 11–17 Uhr | 170 Central Park W | Eintritt $ 22, Fr 18–20 Uhr auf freiwilliger Spendenbasis | nyhistory.org | Subway B, C 81 Street | ⏲1–2 Std. | 🕮 G4*

61 AMERICAN FOLK ART MUSEUM

Ein ganzes Museum mit kunstvollen Handarbeiten, von Satteldecken amerikanischer Ureinwohner über Quilts der Siedler bis hin zu modernen Werken. Das alles bei freiem Eintritt, dazu gibt es einen großartigen Museumsshop. *Mi–So 11.30–18 Uhr | 2 Lincoln Square/66th Street | Eintritt frei | folkartmuseum.org | Subway 1 66th Street | ⏲1–2 Std. | 🕮 F7*

62 LINCOLN CENTER FOR THE PERFORMING ARTS

Hier schlägt das kulturelle Herz New Yorks. In den 1960er-Jahren wurde ein ganzes Stadtviertel abgerissen, um das Lincoln Center zu bauen (die leeren Häuser wurden vorher noch schnell als Kulisse für die Verfilmung der „West Side Story" genutzt). Das Zentrum ist die Plaza, im Sommer Schauplatz zahlreicher Veranstaltungen unter freiem Himmel wie Salsa-Tanzen oder Rockkonzerte. Drumherum gibt es klassische Konzerte, Opern, Ballett und Kino, alles in höchster Qualität. *10 Lincoln Center Plaza |*

Der Dino ist los, und nicht nur der: im American Museum of Natural History

lincolncenter.org | Subway 1 66 Street | E–F 5

63 CHILDREN'S MUSEUM OF MANHATTAN

Hier können sich Kinder bis zum Alter von zehn Jahren als Künstler versuchen, Feuerwehrfrau oder -mann sein, tanzen oder mit Wasser experimentieren. *Mo–So 10–17 Uhr | 212 W 83rd Street | Eintritt $ 15 | cmom.org | Subway 1 86 Street | 2 Std. | F2*

64 UPPER MANHATTAN

Nördlich des Central Park beginnt Upper Manhattan. Die Insel wird dann immer dünner und dünner und endet schließlich etwa auf Höhe der 220th Street mit einem Park. Der Norden bietet viel Geschichte und einen spannenden Mix: Das Zentrum der afro-amerikanischen Kultur in *Harlem*, karibische Klänge und Gerüche in *Washington Heights,* dazwischen der sich immer weiter ausbreitende Campus der Elite-Universität Columbia. *0*

65 SAINT JOHN THE DIVINE

In der größten Kathedrale der Stadt ist viel Platz für jede Menge Ausgefallenes, auch für Dromedare, Dackel, Kängurus ... Jeden Herbst lassen hunderte Menschen hier im Gottesdienst ihre Haustiere segnen, im Frühjahr ihre Fahrräder, es gibt Rollschuh- oder Halloweenpartys, Lesungen, Konzerte – aber natürlich auch normale Messen. Seit 1892 wird in mehreren Baustilen an der Kathedrale gewerkelt, ganz fertig ist sie immer noch nicht. Am Nordende hängt in einer Seitenkapelle das letzte Werk von Pop-Art-Künstler Keith Haring. *Mo–Sa 9.30–17, So 12–17 Uhr | 1047 Amsterdam Av. | Eintritt $ 5 | stjohndivine.org | Subway 1 110 Street | 0*

INSIDER-TIPP
Buntes Leben in der Kirche

Unvollendet und trotzdem eindrucksvoll: St John the Divine

66 COLUMBIA UNIVERSITY

Acht Universitäten in den USA sind angeblich die besten und bilden die sogenannte „Ivy League" – und die New Yorker Columbia University ist eine davon. Bei einem Bummel über den wunderschönen Original-Campus bekommt man einen kleinen Eindruck vom Studentenleben hier. Die Universität wächst immer weiter: Gerade wurde ein neuer Campus am Westende der 125th Street gebaut, der die spannende *Wallach Art Gallery (wallach.columbia.edu)* enthält. *116th Street/Broadway | columbia.edu | Subway 1 116th Street | 📖 0*

BROOKLYN

Brooklyn ist ein eigener Planet, nur einen Steinwurf von Manhattan entfernt – und den gilt es unbedingt zu erkunden.

Jung und kreativ geht's in Greenpoint zu

Mit rund 2,5 Mio. Einwohnern würde es das Viertel schon ganz alleine unter die fünf größten Städte der USA schaffen. Der Bezirk, einer der fünf *boroughs* von New York, hatte immer schon sein ganz eigenes Selbstbewusstsein und brauchte sich noch nie hinter Manhattan zu verstecken. Aber so richtig auf die Landkarte kam das Viertel erst nach den Terroranschlägen vom 11. September 2001, als viele Menschen aus Manhattan einfach nur weg wollten und die Mieten in Brooklyn noch vergleichsweise günstig waren. Inzwischen hat sich ein Großteil der Kulturszene und des Nachtlebens über den East River nach Osten verlagert. Und die Mieten in manchen Teilen Brooklyns sind höher als in Manhattan …

67 GREENPOINT

Das Viertel nördlich von Williamsburg trägt den Spitznamen „Little Poland". Zwischen den alteingesessenen polnischen Einwanderern finden sich mittlerweile viele junge Paare, Künstler und Studenten. Die Atmosphäre ist gemütlich und einladend, neben Läden mit polnischer *kielbasa*-Wurst finden sich exzellente Cafés, *farm-to-table*-Restaurants und der *McCarren Park (nycgovparks.org/parks/mccarren-park)* mit Spielplätzen und einem wunderschön renovierten Schwimmbad von 1936. *Subway G Greenpoint Av. | 📖 K–L14*

68 WILLIAMSBURG

Früher Sommerfrische für die Reichen, dann Fabriklandschaft und jetzt ange-

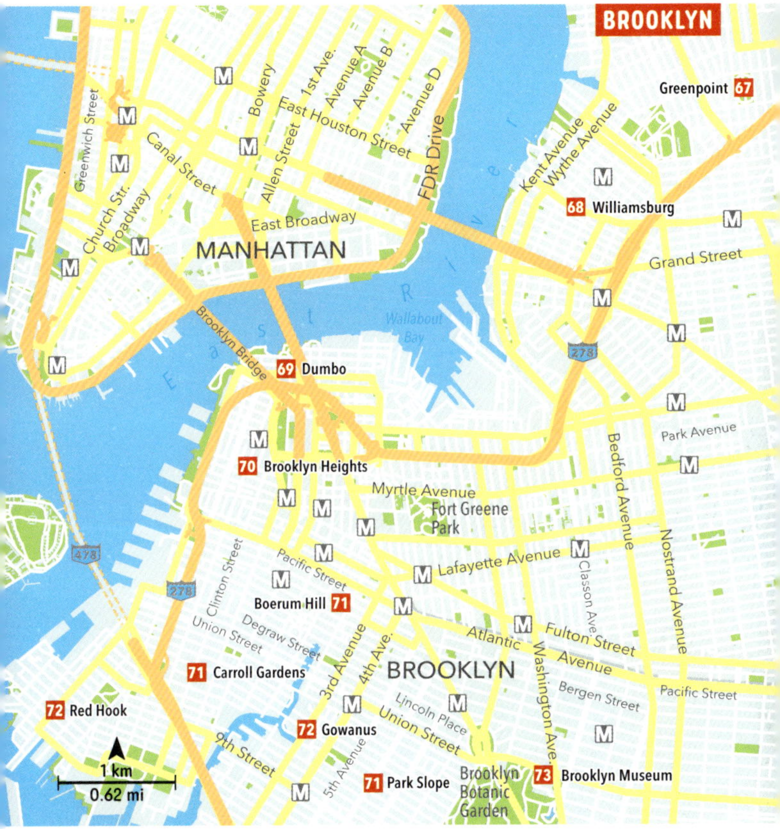

sagtes Viertel für junge erfolgreiche New Yorker: Williamsburg ist der Inbegriff von Hipster-Town. Rund um *Metropolitan Avenue, Grand Street* und *Bedford Avenue* finden sich Galerien, Läden, Restaurants und Cafés. Dazu gibt es *people watching* wie durch einen Instagram-Filter. Im Viertel leben auch noch rund 30 000 orthodoxe Juden aus verschiedenen Sekten. Deren so ganz andere, ganz auf Religion ausgelegte Welt kannst du auf einer eindrucksvollen Tour mit einer Aussteigerin erleben *(friedavizel.com)*. Das Williamsburg der Hipster ist unterdessen immer teurer geworden, weswegen viele junge Menschen ins benachbarte *Bushwick* weitergezogen sind. Besonders die *St. Nicholas Avenue* und die *Troutman Street* sind längst Fixpunkte des New Yorker Nachtlebens. Tagsüber kannst du hier die großformatigen Graffitis des „Bushwick Collective"

INSIDER-TIPP
Tour ins orthodoxe Brooklyn

bestaunen. *Subway L Bedford Av.* | *H-K16*

69 DUMBO

Nördlich von Brooklyn Heights liegt Dumbo – das Kürzel steht für *D*own *U*nder the *M*anhattan *B*ridge *O*verpass – tief unter der Manhattan Bridge. Tag und Nacht rattert die U-Bahn hier gesprächsstoppend über einen hinweg. Das alte Industrieviertel hat sich in den vergangenen Jahren rasant verändert und ist inzwischen fest in der Hand der Start-up-Szene. Alte Fabriken sind zu Luxuswohnungen mit Traumblick auf Manhattan geworden und die Mieten gehören längst zu den höchsten der Stadt.

INSIDER-TIPP
Money Shot mit der Manhattan Bridge

Dazwischen findest du Galerien, Designshops, Kneipen und Cafés. Auf keinen Fall vergessen: Ein Foto von der Ecke Washington und Water Street aus in Richtung Manhattan. Im Vordergrund Kopfsteinpflasterstraße und Backsteinbauten, im Hintergrund rahmt die Manhattan Bridge das Empire State Building ein. *Subway F York Street* | *D-E18*

70 BROOKLYN HEIGHTS

Eine Gegend zum Flanieren: Am Ost-Ende der Brooklyn Bridge liegt die schönste Wohngegend des Viertels, mit gut erhaltenen *brownstones* aus dem 19. Jh. Schon Truman Capote, der in den 1950er-Jahren in der 70 Willow Street wohnte, wollte hier gar nicht mehr weg. Wenn du über die *Pierrepoint* oder die *Remsen Street* Richtung Westen zur *Brooklyn Heights Promenade* schlenderst, siehst du bald, warum das Viertel bis heute so beliebt ist: was für ein Panorama über die Skyline von Manhattan und die Freiheitsstatue! Eine Etage tiefer liegt am Ufer der *Brooklyn Bridge Park*, der auf mehreren Kilometern Wiesen, Sportplätze, Picknickbänke, Eisläden und Spielplätze bietet. *Subway 2, 3 Clark Street* | *H20*

71 CARROLL GARDENS, BOERUM HILL & PARK SLOPE

Aus einem heruntergekommenen Teil Brooklyns sind attraktive Gegenden mit reizvollen Restaurants, entzückenden Designerläden und denkmalgeschützten Häusern geworden. Junge Familien, hippe Pärchen und wohlhabende Singles sind in die *brownstones* von Carroll Gardens, Boerum Hill und Park Slope gezogen. Autoren wie Paul Auster und Jonathan Lethem leben hier und bauten die Veränderung der Viertel in ihre Romane ein.

INSIDER-TIPP
Secondhand for free

Heute sind die Gegenden perfekt für einen Bummel. Die auf Häusertreppen und Zäunen ausgelegten Bücher oder Kleidungsstücke darfst du übrigens einfach mitnehmen, wenn sie dir gefallen. So geht Second Hand in Brooklyn! *Subway F, G Carroll Street* | *G-H23*

72 RED HOOK & GOWANUS

Ein paar Schritte weitergebummelt – und die Gegend verändert sich komplett. Red Hook und Gowanus sind alte Industrie- und Hafenviertel. Und

Down under the Manhattan Bridge: berühmter Blick in Dumbo

selbst wenn auch hier vieles längst zu Luxuswohnhäusern umgebaut ist, haben sie sich doch einiges von ihrem ruppigen Charme bewahrt. Durch Gowanus fließt ein Kanal, der jahrzehntelang für Industrieabfälle missbraucht wurde und heute zu den giftigsten und dreckigsten Gewässern der USA gehört. Aber: Das Großreinemachen hat begonnen und man kann schon wieder Kanu fahren auf dem *Gowanus Canal (gowanuscanal.org)* – ein gruselig-orginelles Vergnügen!

Red Hook wurde im Filmklassiker „Die Faust im Nacken" verewigt, für den Marlon Brando 1955 einen Oscar erhielt. Das ehemalige Arbeiterhafenviertel ist erst von Künstlern und dann von Immobilienmaklern entdeckt worden. Große Kreuzfahrtschiffe legen hier heute an. Die meisten Geschäfte, Restaurants und Cafés sind um die *Van Brunt Street* angesiedelt. Auch das frisch renovierte Kunst- und Kulturzentrum *Pioneer Works (Mi–So 13–20 Uhr | 159 Pioneer Street | Eintritt frei | pioneerworks.org)* lohnt einen Besuch. *Subway A, C, F, G Jay Street-Metro Tech, dann Bus B61 bis Ende Van Brunt Street |* *J–F24*

73 BROOKLYN MUSEUM

Das zweitgrößte Museum New Yorks – nach dem Metropolitan Museum in Manhattan – liegt in Brooklyn, in einem beeindruckenden Beaux-Arts-Gebäude von 1897. Die Sammlung gibt einen Überblick über US-amerikanische Kunst, dazu sind immer wieder spannende Sonderausstellungen im Programm. Direkt daneben liegt der riesengroße *Prospect Park* – Brooklyns Pendant zum Central Park – unter anderem mit Botanischem Garten, Zoo, Karussell und Eislaufbahn. *Mi–So 11–18 Uhr | 200 Eastern Parkway | Eintritt $ 16 | brooklynmuseum.org | Subway 2, 3 Eastern Parkway |* *N25*

AUSSERDEM SEHENSWERT

74 HARLEM

Harlem ist das Zentrum der afro-amerikanischen Kultur – und das Zentrum des Cool. So underdressed wie hier auf den Straßen hast du dich sicher selten gefühlt, da kann man einfach nur schwer mithalten. Stromere durch das Viertel und entdecke wunderschöne historische Häuser, beispielsweise auf der *Astor Row (West 130th Street/ zw. Fifth und Lenox Av.)* und der *Strivers' Row (West 138th und 139th. Street/zw. Adam Clayton Powell Jr. Blvd. u. Frederick Douglass Blvd.)*. Du entdeckst Restaurants mit köstlichen somalischen oder äthiopischen Gerichten, besuchst Nachtclubs, in denen Szenegrößen wie Duke Ellington, Count Basie oder Aretha Franklin aufgetreten sind, und durchstöberst originelle Läden. Das Zentrum Harlems ist die *125th Street* mit dem berühmten *Apollo Theater (253 West 125th Street | apollotheater.org |* *s. S. 122**)*, dem Zentrum afroamerikanischer Kultur. Besorg dir Karten für die *Amateur Night (Mi 19.30 Uhr)*, die härteste und witzigste Casting-Show der Stadt.

Sonntagsmorgens gibt es in vielen Kirchen in Harlem *Gospelgottesdienste*. Die sind allerdings mittlerweile bei Touristen so beliebt, dass die großen Gotteshäuser schon völlig überlaufen sind. Besser, du schlenderst durch die Seitenstraßen, immer dem unüberhörbaren Gospel-Klang nach, und suchst dir eine der vielen kleinen Kirchen aus. *Subway 2,3, A-D 125 Street |* *0*

75 MORRIS-JUMEL MANSION & SYLVAN TERRACE

Wo Manhattan am höchsten und am schmalsten ist, da liegt *Washington Heights*. Auch im Hochsommer weht hier immer eine frische Brise. Einst lebten hier viele Deutsche, die vor den Nationalsozialisten geflohen waren. Inzwischen ist das Viertel von karibischer Kultur geprägt. Und hier steht das älteste Haus des Viertels: Die *Morris-Jumel-Mansion* beherbergte 1776 schon den ersten US-Präsidenten George Washington. Direkt davor liegt eine der schönsten historischen Straßen der Stadt, die du nicht verpassen solltest: *Sylvan Terrace. Subway A,C 163 Street* | *0*

76 WAVE HILL

Eine Pause im Grünen – und das mitten in der Bronx. Wave Hill ist ein Anwesen aus dem 19. Jh. inmitten eines wunderschönen Gartens, das heute nicht mehr bewohnt wird und Besuchern offen steht.

INSIDER-TIPP
Klippenblick mit Karotte

Hol dir bei *Lloyd's Carrot Cake (6087 Broadway | lloydscarrotcake.com)* einen der berühmten Karottenkuchen und laufe zu Fuß hinüber nach Wave Hill, wo du ihn auf einer der Wiesen mit traumhaftem Blick über den Hudson River auf die Steilklippen von New Jersey genussvoll verputzen kannst. *Di–So 10–17.30 Uhr | Eintritt $ 10, Do frei | West 249th Street/Independence Av. | wavehill.org | Subway 1 242nd Street, dann mit kostenlosem Shuttle weiter | 0*

77 BRONX ZOO & NEW YORK BOTANICAL GARDEN

Auch der schönste Zoo *(tgl. 10–16.30 Uhr, April–Nov. an Wochenenden und Feiertagen etwas länger |*

Ein herzliches Lächeln und ganz viel Atmosphäre: Ausgehen in Harlem

Eintritt ab $ 26,95, Mi auf freiwilliger Spendenbasis | 2300 Southern Blvd. | bronxzoo.com) der Stadt liegt in der Bronx. Die meisten Tiere leben in riesigen Freigehegen. Und wenn du dann immer noch nicht genug Natur hattest: Gegenüber liegt der ebenfalls wunderschöne *New York Botanical Garden (Di–So 10–18 Uhr | 2900 Southern Blvd. | Eintritt ab $ 30 | nybg.org). Subway 2,5 Pelham Pkwy* | *0*

78 BRONX MUSEUM

Am Grand Concourse, der alten Paradestraße der Bronx, steht dieses kleine Museum. Es hat viele spannende Wechselausstellungen im Programm, immer mit Bezug zum Viertel und seinen vielfältigen Einwandererkulturen – und das stets bei freiem Eintritt! Wenn du noch nicht genug hast und tiefer in die spannende Kunstszene der Bronx eintauchen willst, dann schau beim ambitionierten Fotozentrum *Bronx Documentary Center (bronxdoc.org)* vorbei. *Mi–So 13–18 Uhr | 1040 Grand Concourse | bronxmuseum.org | Subway 4, B, D 161 Street/Yankee Stadium | 1–2 Std. | 0*

79 MOMA PS1

Der Außenposten des Museum of Modern Art in einer ehemaligen Grundschule in Queens ist für die junge und zeitgenössische Kunst zuständig. Hier, in *Long Island City*, gibt es ausgefallene Sonderausstellungen und am Wochenende beliebte Partys.

Das Viertel, in dem das Museum liegt, ist das am schnellsten wachsende der USA. Glastürme streben an allen Ecken und Enden in die Höhe. Und wenn du schon mal hier bist, dann lauf zum East River in den *Gantry Plaza State Park*: Es erwarten dich Spielplätze, Wiesen und kostenloses Yoga mit traumhaftem Blick auf die Skyline von Midtown. *So/Mo, Do 12–18, Fr/Sa 12–20 Uhr | 22–25 Jackson Av. | Eintritt auf freiwilliger Spendenbasis | momaps1.org | Subway E, M, G 7 Court Square 23 Street | 2 Std. | L10*

80 MUSEUM OF THE MOVING IMAGE

Sei dein eigener Kameramann, Soundingenieur oder Cartoonzeichner, mitten in Queens. Im Museum kannst du Animationsfilme drehen, Soundeffekte ausprobieren, ein Daumenkino gestalten oder einfach nur stundenlang Filme schauen. *Di 14–18, Fr 14–20, Sa/So 12–18 Uhr | 36-01 35th Av./37th Street | Eintritt $ 15, Do 14–18 Uhr frei | movingimage.us | Subway M, R Steinway Street | 1–2 Std. | 0*

81 LOUIS ARMSTRONG MUSEUM

Gemeinsam mit seiner Ehefrau Lucille lebte der wohl berühmteste Trompeter der Welt bis zu seinem Tod 1971 in diesem bescheidenen Häuschen in Queens. Armstrong war längst weltberühmt, aber beeindruckte mit seinem Instrument immer noch am liebsten die Kinder der Nachbarschaft. Das Haus sieht immer noch so aus, als wäre das Ehepaar Armstrong nur mal eben zur Tür hinaus. *Do–So 11–16 Uhr | 34–56 107th Street | Eintritt inkl. Führung $ 15 | louisarmstronghouse.org | Subway 7 103 Street–Corona Plaza | 0*

Auch das ist New York: das saftig grüne Pflanzenreich im Botanical Garden in der Bronx

82 FLUSHING MEADOWS – CORONA PARK

Am Ort der Weltausstellung von 1939/40 spielen heute die New York Mets Baseball und jeden August kämpft die Tennis-Elite bei den US Open um begehrte Trophäen. Der Park rund um die berühmte Weltkugel ist ein schöner Ort zum Schlendern. Drumherum liegen auch das *Queens Museum (Mi–Fr 12–17, Sa/So 11–17 Uhr | Eintritt frei | queensmuseum.org)* mit einem faszinierenden Mini-Panorama-Modell der Stadt und das Wissenschaftsmuseum *New York Hall of Science (Do, Sa/So 10–17, Fr 14–17 Uhr | 47-01 111th Street | Eintritt $ 14 | nysci.org).*
Hunger? Dann fahr mit der Metro-Linie 7 noch einen Stopp weiter bis zur Endhaltestelle: In *Flushing*, der jüngsten Chinatown New Yorks, findest du gute und günstige Restaurants. *Subway 7 Mets – Willets Point | 0*

83 GOVERNORS ISLAND

200 Jahre war die Insel für Besucher gesperrt – nun kann jeder zwischen 50 Hängematten wählen oder eine 20 Meter lange Rutsche hinuntersausen. Autos gibt's keine, dafür viel Grün, Gratiskonzerte und weitere Aktivitäten. Wer länger bleiben will macht Glamping *(collectiveretreats.com/governors-island). So–Do 7–18, Fr–Sa 7–22 Uhr, an Wochenenden und Feiertagen auch ab Brooklyn | Fähre ab Südspitze Manhattan | govisland.com | Subway 1 South Ferry | D–F21–22*

84 SNUG HARBOR

Die meisten Touristen, die mit der Fähre nach Staten Island fahren, drehen noch im Anlegehafen um und fahren

Diese U-Bahn bringt dich direkt ans Meer – Coney Island wartet!

direkt wieder mit dem nächsten Boot zurück. Klar, die Aussicht auf Skyline und Freiheitsstatue ist ein Traum, aber Staten Island selbst ist auch nicht zu unterschätzen! Als *„fifth and forgotten"* bejammern sich die Bewohner manchmal selbst – das fünfte und vergessene Rad, sprich *borough,* am Wagen von New York. Das ändert sich inzwischen langsam, auch dank Attraktionen wie Snug Harbor. Das ehemalige Seefahrer-Altersheim wurde einst geleitet vom Bruder des „Moby Dick"-Autors Herman Melville. Heute ist es ein großes Kunst- und Kulturzentrum, unter anderem mit Geschichtsmuseum, Kindermuseum und vielen Parks und Gärten. Das Gelände ist von Sonnenaufgang bis Sonnenuntergang geöffnet, die Öffnungszeiten und Eintrittspreise der einzelnen Attraktionen findest du auf der Website. *1000 Richmond Terrace | snug-harbor.org | vom Fähranleger aus mit dem Bus S40 | 0*

85 ALICE AUSTEN HOUSE

Alice Austen war eine Fotografin im New York des 19. Jhs. Ihr Wohnhaus in Staten Island ist heute ein charmantes Museum mit spannenden Foto-Wechselausstellungen. Vom Garten aus bietet sich ein traumhafter Blick Richtung Manhattan und auf die Verrazano-Narrows-Bridge. *März–Dez. Di–Sa 12–17 Uhr | 2 Hylan Blvd. | Eintritt $10 | aliceausten.org | vom Fähranleger aus mit dem Bus S51 | 0*

86 CONEY ISLAND & BRIGHTON BEACH

Mit der U-Bahn zum Strand! Gleich neben der Promenade liegen ein Vergnügungspark mit Riesenrad und Achterbahnen. Bei schönem Wetter kannst du dich außerdem in den Atlantik stürzen und auf deinem Strandhandtuch bräunen, bei schlechtem Wetter einen Hotdog bei *Nathan's* essen (da wurden sie angeblich erfunden!) oder das *New York Aquarium (tgl. 10–17 Uhr | 602 Surf Av. | Eintritt ab $ 26,95 | nyaquarium.com)* besuchen.

Über den hölzernen Boardwalk geht es dann weiter in Richtung Brighton Beach im Westen, das auch als „Little Odessa" bekannt ist. Einwanderer aus allen Teilen der ehemaligen Sowjetunion wohnen hier. Bring großen Appetit mit, denn hier kannst du dich vergleichsweise günstig und superlecker durch viele Restaurants und Bäckereien schlemmen. *Subway D, F, Q, N Coney Island Stillwell Av.* | *D–F21–22*

AUSFLUG

87 HUDSON RIVER VALLEY

200 km bis Rhinebeck/3 Std. (Auto)

Ein Tagesausflug im Leihwagen am Hudson River entlang gen Norden durch die hügelige und bewaldete Landschaft macht riesigen Spaß! Folge der Route 9 nach *Kykuit*, zum pompösen *Rockefeller Estate (Mai–Sept. Sa/So, Okt./Nov. Mi–Mo | 381 N Broadway | Sleepy Hollow | Eintritt nur mit Tour ab $ 20 | short.travel/new11)* des ehemaligen Vizepräsidenten Nelson B. Rockefeller mit seiner Kunstsammlung.

Weiter nördlich in *Hyde Park* kannst du die *Vanderbilt Mansion (tgl. 7–20 Uhr | nps.gov/vama)*, die 54-Zimmer-Renaissance-Mansion von Frederick W. Vanderbilt, besichtigen. Im selben Ort befindet sich das sehenswerte Anwesen des Ex-Präsidenten Franklin D. Roosevelt *(tgl. 7–20 Uhr | nps.gov/hofr)*. Hyde Park beherbergt auch das *Culinary Institute of America (ciachef.edu | €–€€€)*, wo der beste Kochnachwuchs des Landes in vier Restaurants exzellente Menüs zubereitet (reservieren!).

Im Hudson-Tal finden sich außerdem Weingüter, die in dem feuchtwarmen Klima gute, trockene Weißweine produzieren, zum Beispiel *Millbrook Vineyards (millbrookwine.com)*. Zum Abschluss lohnt ein Stopp im 1686 gegründeten Bilderbuchstädtchen *Rhinebeck*. *0*

Wer hat's erfunden? Von Nathan's soll der Hotdog stammen

ESSEN & TRINKEN

So viele Nationalitäten, so viele Küchen – in New York kannst du dich durch die ganze Welt futtern!
Von der Imbissbude bis zum schicksten Sternelokal bietet die Stadt alles und die kulinarischen Leckerbissen reichen von koreanischem *kimchi* über Hummer aus Maine, Sushi und Burritos bis zu einem saftigen Steak. Besonders günstig isst man rund um die Uhr an Food Trucks, in chinesischen Lokalen, im Pizza-Joint oder im Diner.
In fast allen Lokalen teilt einem jemand einen Tisch zu, freie Platzwahl ist in den USA eher selten. Leitungswasser gibt es fast immer

Wo liegt nochmal Italien? Mitten in New York, in der Mulberry Street in Little Italy

umsonst und es wird ständig nachgeschenkt. Die Bedienung bekommt ein Trinkgeld *(tip)*, das in Amerika mehr sein muss als eine anerkennende Geste: Es ist ein großer Teil des Stundenlohns, der in der Gastronomie alles andere als üppig ausfällt. Die doppelte Summe der Steuer *(tax)* auf der Rechnung ist meist ein guter Richtwert für ein faires Trinkgeld. Zweimal jährlich – meist Ende Januar und im Hochsommer – ist in New York *Restaurant Week*. Dann hast du die Chance, in einem der besten Lokale der Stadt mittags oder abends vergleichsweise günstig zu schlemmen *(nycgo.com/restaurant-week)*.

WO NEW YORK ISST

MARCO POLO HIGHLIGHTS

★ **NOUGATINE AT JEAN GEORGES**
Moderne französisch-amerikanische Küche zum Dahinschmelzen vom Meisterkoch Jean-Georges Vongerichten ➤ S. 74

★ **BUDDAKAN**
Preisgekrönter In-Laden mit überbordendem Design und feinem asiatischen Essen ➤ S. 76

★ **BARNEY GREENGRASS**
Atmosphäre pur: Der „König des Störs" betreibt eines der letzten authentischen Diner in Manhattan ➤ S. 76

★ **GRAND BANKS**
Austern bei Sonnenuntergang auf einem alten Kabeljauschoner ➤ S. 76

★ **KATZ'S DELICATESSEN**
Die besten Pastrami-Sandwiches der Stadt, berühmt aus „Harry und Sally" ➤ S. 139, 79

★ **PURE**
Beim charmanten Thailänder (nicht nur) selbst gemachte Nudeln genießen ➤ S. 78

★ **NOM WAH TEA PARLOR**
Hippe Crowd, köstliche Dumplings ➤ S. 78

CAFÉS

1 ALMAR
Im Almar sitzen Cafébesucher an langen Holztischen. Zum Cappuccino ein *panini* mit *prosciutto* und frischem *mozzarella*? Viele Bio-Zutaten. *So geschl. | 111 Front Street | Tel. 1 718 8 55 52 88 | almardumbo.com | Subway F York Street | Dumbo | E18*

2 AMY'S BREAD
„Devil's Food" heißt einer der Cupcakes in der Bäckerei mit den regionalen (Bio-)Zutaten. Teuflisch gut sind auch das Brot und die exzellenten Kuchen, himmlisch Milchkaffee, Baguette und Marmelade am Morgen oder die Sandwiches am Mittag. *Tgl. | 672 9th Av., zwischen 46th u. 47th Street | Tel. 1 212 9 77 26 70 | amysbread.com | Subway 1 50 Street | Hell's Kitchen | E7*

3 DOUGHNUT PLANT
Mal bunt, mal eckig, mal rund – aber immer mit kreativen Füllungen und köstlich! Hier gibt es die wohl besten Donuts der Stadt. *Mo/Di geschl. | 245 Flatbush Av. | Tel. 1 212 5 05 37 00 | doughnutplant.com | Subway B,Q 7 Av. | Downtown Brooklyn | L23*

4 ABOUT COFFEE
Ein inzwischen auf Long Island lebender Ägypter betreibt diese Mini-Café-Kette mit viel Herz und Geschmack. Besonders großzügig und gemütlich ist es in der Filiale im der Nähe von Central Park und American Museum of Natural History. *Tgl. | 445 Columbus Av. | 1 646 8 52 68 12 | aboutcoffee.nyc | Subway B,C 81 Street-Museum of Natural History | Upper West Side | G3*

5 INTELLIGENTSIA
In der Kaffeebar des High Line Hotels im temporeichen Chelsea wird der hervorragende Wachmacher aus einem alten Citroën-Kleinbus heraus serviert: Das Kaffeeparadies ist nicht groß, aber man kann gemütlich draußen sitzen. *Tgl. ab 7 Uhr | 180 Tenth Av./zw. 20. u. 21. Street | Tel. 1 212 9 33 97 36 | thehighlinehotel.com/intelligentsia | Subway C, E 23 Street | Chelsea | C10*

6 VENIERO'S
INSIDER-TIPP Süßes auf Vorrat

Laut. Und voll. Und seit 1894 ein süßes Muss. Vor dem Gehen an der Theke *dolci* fürs nächste Frühstück kaufen! *Tgl. | 342 E 11th Street/zw. 1st u. 2nd Av. | Tel. 1 212 6 74 70 70 | venierospastry.com | Subway L 1 Av. | East Village | E13*

7 DOMINIQUE ANSEL BAKERY
Mit dem *cronut* – einer Mischung aus Croissant und Donut – schuf Bäcker Dominique Ansel die Mutter aller Foodtrends. Aber auch wenn die süßen Teile ausverkauft sind (meist gegen Mittag), lohnt der Blick in Ansels Auslage voller kreativer Köstlichkeiten. *Tgl. | 189 Spring Street | Tel. 1 212 2 19 27 73 | dominiqueansel.com | Subway C, E Spring Street | SoHo | C14*

RESTAURANTS €€€

8 CARBONE
Der Name klingt nach Italien, Mafia und köstlicher Pasta. Letztere wird

Banane, Pekannüsse, Glasur: ein Klassiker im Riesenformat von Doughnut Plant

zum Beispiel mit Hummer, Venusmuscheln und Kapernsauce angeboten. Die Kritiker schwärmen. *Mo/Di nur abends | 181 Thompson Street/zw. Bleecker u. W Houston Street | Tel. 1 212 2 54 30 00 | carbonenewyork.com | Subway B, D, F, M, Broadway-Lafayette | Greewnich Village | C13*

9 CHURRASCARIA PLATAFORMA
Fleisch, Fleisch, Fleisch – perfekt am Spieß. Brasilianisches Steakhouse mit exzellenter Salatbar. *Tgl. | Belvedere Hotel | 316 W 49th Street | Tel. 1 212 2 45 05 05 | plataformaonline.com | Subway C 50 Street | Hell's Kitchen | E7*

10 CRAFT
Die Kritiker lieben Tom Colicchio, der das Konzept für das Edellokal entwickelt hat: Ausgewählte Bauern arbeiten eng mit dem Koch und Besitzer zusammen. So landen nur leckerste Zutaten auf den Tellern. *Tgl. | 43 E 19th Street | Tel. 1 212 7 80 08 80 | craftrestaurant.com | Subway R, 6 23 Street | Gramercy/Flatiron District | E11*

11 ELEVEN MADISON PARK
Schon mehrfach wurde dieses Restaurant am Madison Square Park zum besten der Welt gekürt, drei Michelin-Sterne gab es für die saisonale Küche mit lokalen Zutaten auch. Neuerdings kocht der Schweizer Spitzenkoch Daniel Humm komplett vegan – das mehrgängige Menü kostet am Tisch $335, an der Bar in kleinerer Form $195. *So–Fr nur abends, Sa auch mittags | 11 Madison Av. | Tel. 1 212 8 89 09 05 | elevenmadisonpark.com | Subway R, 6 23 Street | Flatiron District | E11*

12 NOBU
Star-Koch Nobu Matsuhisa hat die japanische Küche in den USA so richtig populär gemacht – und sich längst ein eigenes Imperium geschaffen. *Tgl. |*

195 Broadway | Tel. 1 212 2 19 05 00 | noburestaurants.com | Subway 2, 3, 4, 5, A, C, J, Z Fulton Street | Financial District | B15

13 NOUGATINE AT JEAN GEORGES ★

Jean-Georges Vongerichten eröffnet ein Restaurant, und die *in-crowd* folgt. Ob Hummer aus Maine oder Koteletts in *prosciutto* gewickelt – die Küche ist vom Feinsten. *Tgl. | 1 Central Park W | Tel. 1 212 2 99 39 00 | short.travel/new18 | Subway 1, A, B, C, D 59 Street-Columbus Circle | Lincoln Square | F6*

14 PETER LUGER

Das mehr als 130 Jahre alte Steakhouse lockt mit Charme und gigantischen Portionen. Seit vielen Jahren wird es immer wieder zum besten Steakhouse New Yorks gewählt. Keine Kreditkarten. *Tgl. | 178 Broadway/zw. Driggs und Bedford Street | Tel. 1 718 3 87 74 00 | peterluger.com | Subway J Marcy Av. | Brooklyn | J17*

15 15 EAST @ TOCQUEVILLE

Gehobene, zeitgenössische amerikanisch-französisch-japanische Gerichte – das Beste aus mehreren Essenswelten kombiniert. *Tgl. | 1 E 15th Street | Tel. 1 212 6 47 15 15 | 15easttocquevillenyc.com | Subway L, N, Q, R, 4, 5, 6 14 Street-Union Square | Union Square | D12*

16 ENOTECA MARIA

Essen wie bei der Oma – und zwar wirklich! In diesem wunderbaren Restaurant in Laufentfernung von der Staten Island Ferry stehen keine ausgebildeten Köche hinter dem Herd, sondern Großmütter. Die Qualität der Gerichte erreicht Spitzenniveau und

Begehrte japanische Köstlichkeiten: Ohne langfristige Reservierung geht im Nobu nichts

Unsere Empfehlung heute

Snacks

BAGEL
Die Kringel gibt es in unzähligen Variationen, etwa mit Sesam oder Rosinen, süß oder deftig, mit Oliven mit Paprikafüllung oder Frischkäse

CRAB CAKES
Krebsküchlein, gebacken oder gegrillt und kombiniert mit vielen Zutaten

Vorspeisen

CLAM CHOWDER
Muschelsuppe in den Variationen New England (weiß) und Manhattan (rot)

OYSTERS
Austern – mit Essig und Pfeffer oder manchmal gar mit profanem Ketchup

Hauptgerichte

LUMBERJACK
Riesiges Frühstück, gerne mit Eiern, Speck, Bratkartoffeln und Pfannkuchen

BURGER
Gibt es längst weltweit, die in Amerika sind aber nach wie vor unschlagbar

PASTRAMI SANDWICH
Geräuchertes und gewürztes Rindfleisch zwischen zwei Brotscheiben

REUBEN SANDWICH
Corned Beef, Sauerkraut, russiche Sauce und Schweizer Käse auf gegrillten Roggenbrotscheiben

LOBSTER
Hummer kommt in New York in allen möglichen Variationen auf den Tisch

NEW YORK STRIP STEAK
Typische New Yorker Fleischspezialität mit Speckrand

TURKEY
Der traditionelle Thanksgiving-Truthan, dazu gibt es Cranberries, Bratensauce *(gravy)* und Süßkartoffeln *(sweet potatoes)*

Desserts

CHEESECAKE
Den Käsekuchen, den Symbolkuchen der Stadt, gibt es in unzähligen leckeren Varianten

BLACK AND WHITE COOKIES
Gebäck mit Vanille- und Schoko-Überzug – nennt man in Deutschland ironischerweise Amerikaner

BROWNIES
Die kleinen Schoko-Kuchen kommen in vielen unterschiedlichen Varianten von Cappuccino bis Walnuss daher

die Atmosphäre ist edel, aber gemütlich. *Fr–So | 27 Hyatt Street | Tel. 1 718 447 27 77 | enotecamaria.com | Staten Island Ferry* | *Staten Island* | *0*

RESTAURANTS €€

17 BRYANT PARK GRILL

Die Modeszene trifft sich im Sommer im Bryant Park, bei Seafood und Grillgerichten. Am Wochenende Brunch ab 11.30 Uhr. *Tgl. | 25 W 40th Street/zw. 5th und 6th Av. | Tel. 1 212 840 65 00 | bryantparkgrillnyc.com | Subway B, D, F, M 42 Street* | *Midtown West* | *F9*

18 GRAND BANKS ★

Schöner auf dem Schoner: Auf einem alten Kabeljauschoner im Hudson River kannst du dich von April bis Oktober durch Austern und Muscheln schlemmen. *Tgl., nur mittags | Pier 25 Hudson River Park | Tel. 1 212 6 60 63 12 | crewny.com/grand-banks | Subway 1 Franklin Street* | *Tribeca* | *A15*

19 BUDDAKAN ★

Pompöse Atmosphäre, lecker-moderne asiatische Gerichte: Im Buddakan herrscht eine (preisgekrönte) Art Rokoko-meets-Asia-meets-Future-Style samt Banketttischen und Kronleuchtern. *Nur abends | 75 9th Av./16th Street | Tel. 1 212 9 89 66 99 | buddakannyc.com | Subway A, C, E, L 14 Street* | *Meatpacking District* | *C11*

20 BARNEY GREENGRASS ★

„Wenn Gott etwas besseres erschaffen hat, dann hat er es für sich behalten", soll Star-Koch Anthony Bourdain einst über dieses Diner gesagt haben. Ein wundervolles Stückchen old New York. *Mo geschl. | 541 Amsterdam Av./86th Street | Tel. 1 212 7 24 47 07 | barneygreengrass.com | Subway 1 86 Street* | *Upper West Side* | *G2*

21 COPPELIA

Jeden Tag serviert dieses Diner rund um die Uhr köstliches kubanisches Essen. Du schwelgst in Fisch-Tacos, Empanadas und Guacamole. *207 W 14th Street, Nähe 7th Av. | Tel. 1 212 8 58 50 01 | ilovecoppelia.com | Subway 1, 2, 3 14 Street* | *Chelsea* | *C11*

22 TAP

INSIDER-TIPP
Superfood für Super-Sightseeing-Kräfte

Es ist Sommer und so heiß und schwül in der Stadt, dass du eigentlich gar keinen Hunger hast? Aber stärken fürs Sightseeing musst du dich natürlich trotzdem. Dann sind die kühl-köstlich-gesunden Bowls mit Açai-Beeren hier die Rettung! *Tgl. | 685 3rd Av./43rd Street | Tel. 1 646 4 78 79 80 | tapnyc.com | Subway S, 4, 5, 6, 7 Grand Central - 42 Street* | *Midtown* | *G9*

23 FETTE SAU

Im hippen Williamsburg wird Bio-Fleisch gegrillt, dazu Craft Beer. Rustikal, deftig, gemütlich. *Mo geschl. | 354 Metropolitan Av. | Tel. 1 718 9 63 34 04 | fettesaubbq.com | Subway L Bedford Av.* | *Williamsburg* | *J16*

24 HAN BAT

Authentisches Essen in Koreatown: Reis mit Ei, Fleisch und Gemüse auf heißem Stein oder das Reisgericht *bi bim bab. Tgl. | 53 W 35th Street/5th Av. | Tel. 1212 6 29 55 88 | hanbat35.com | Subway B, D, F, M, N, Q, R 34 Street-Herald Square | Koreatown |* 📖 *E9*

25 BURGER JOINT

Ja, du bist richtig – auch wenn du vor dem teuren Thompson-Hotel stehst. Geh rein, bieg hinter der Rezeption nach links und dann nach rechts ab und – Überraschung! Du stehst mitten in einem der lässigsten und leckersten Burger-Läden der Stadt! *Tgl. | 119 W 56th Street | Tel. 1 212 708 7414 | burgerjointny.com | Subway F 57th Street | Theatre District |* 📖 *F6*

INSIDER-TIPP
Burger ohne Chichi im Luxushotel

26 MAREA

Darf's ein bisschen Meer sein? Der exzellente Italiener serviert unter anderem Flundern, Muscheln, Langusten, Hummer, Seeteufel. *Tgl. | 240 Central Park S/Broadway | Tel. 1212 5 82 51 00 | marearestaurant.com/new-york | Subway A–D, 1 59 Street-Columbus Circle | Columbus Circle |* 📖 *F6*

Luxushotel? Im Burger Joint isst man die Fleischbrötchen wie anderswo auch

27 JG MELON

Gemütliche Eck-Bar, deren Burger zu den besten der Stadt zählen. Die ebenfalls köstlichen Pommes sind hier scheibchenweise rund, geriffelt und heißen „cottage fried potatoes". *Tgl. | 1291 3rd Av./74th Street | Tel. 1 212 7 44 05 85 | jgmelon-nyc.com | Subway Q 72 Street | Upper East Side |* 📖 *J5*

28 MOMOFUKU SSÄM BAR
Populäres, hippes Restaurant für ausgewiesene Fans von exzellent zubereitetem Fleisch: Kalb und Lamm, Schinken und Speck auf asiatisch. *Mo geschl. | 89 South St./Pier 17 | Tel. 1 212 2 54 35 00 | ssambar.momofuku.com | Subway 2,3 Wall Street | South Street Seaport | C17*

29 GRAND CENTRAL OYSTER BAR
Austern schlemmen im Hauptbahnhof? Auf jeden Fall! Und das auch noch extrem stilvoll in einer New Yorker Institution. Wer keine Austern mag, für den gibt es beispielsweise Fischsuppen oder Fisch vom Grill und auch einige Gerichte ohne Meereszutaten. *Sa/So geschl. | Grand Central Terminal, Lower Level/zw. Vanderbilt und Lexington Av. | Tel. 1 212 4 90 66 50 | oysterbarny.com | Subway 4–7 Grand Central | Midtown East | F9*

30 VINEGAR HILL HOUSE
Viele Restaurants gibt es in diesem etwas versteckten Viertel nicht – dafür eines der gemütlichsten und besten. Insbesondere die Sauerteig-Pfannkuchen zum Brunch am Wochenende sind legendär. *Tgl. | 72 Hudson Ave | Tel. 1 718 5 22 10 18 | vinegarhillhouse.com | Subway F York Street | Vinegar Hill | F18*

INSIDER-TIPP
Brunch-Höhepunkte am Wochenende

31 PURE ★
Lass dich für ein Stündchen nach Asien versetzen. Die Rezepte in diesem kleinen (35 Sitzplätze!) entzückenden *cookhouse* in Hell's Kitchen hat Vanida Bank aus Thailand mitgebracht. *So geschl. | 766 Ninth Av./zw. 51. u. 52. Street | Tel. 1 212 5 81 09 99 | purethaicookhouse.com | Subway C, E 50 Street | Hell's Kitchen | E6*

32 NOM WAH TEA PARLOR ★
Das Chinatown-Urgestein wird heute betrieben vom Neffen des langjährigen Besitzers. Du bestellst und genießt kleine Dim-Sum-Köstlichkeiten und andere authentische Gerichte, dazu wird leckerer Tee für dich aufgetragen. *Mi geschl. | 13 Doyers Street | Tel. 1 212 9 62 60 47 | nomwah.com | Subway J, M, Z Canal Street | Chinatown | C16*

33 LA MORADA

Für diesen mexikanischen Familienbetrieb lohnt sich jeder Ausflug in die Bronx! Besonders zu empfehlen sind die Gerichte mit Mole-Saucen aus Oaxaca, der Heimat der politisch aktiven Inhaber. Dazu gibt es eine kleine Bibliothek und Spielsachen für Kinder. *Mo–Mi | 308 Willis Av. | Tel. 1718 2 92 02 35 | lamoradanyc.com | Subway 6 3 Av.-138 Street | Bronx | 🕮 0*

34 ROBERT

Im Museum of Art and Design wartet eine unvergessliche New-York-Erfahrung: Mach es dir auf Sofas bequem oder bestelle ein zartes New York Strip Steak und genieße mit Traumblick über den Columbus Circle und den Central Park. *Mo geschl. | 2 Columbus Circle | Tel. 1 212 2 99 77 30 | robertnyc.com | Subway A-D 59th Street-Columbus Circle | Columbus Circle | 🕮 F6*

35 RUSS AND DAUGHTERS CAFÉ

Jüdische Köstlichkeiten aus Osteuropa, wie sie schon im alten New York serviert wurden: Matzeknödelsuppe, *borschtsch* und *latkes* (Kartoffelpuffer) mit Kaviar. *Do–So | 127 Orchard Street/ zw. Rivington u. Delancey Street | Tel. 1 212 4 75 48 80 | russanddaughterscafe.com | Subway F Delancey Street | Lower East Side | 🕮 E15*

36 KATZ'S DELICATESSEN ★

Kannst du dich noch an die Liebeskomödie „Harry und Sally" erinnern? Die

Genuss in vollen Zügen: Oyster Bar im Grand Central Terminal

wohl berühmteste Szene, in der Meg Ryan Billy Crystal beim Essen einen Orgasmus vorspielt, wurde hier gedreht: Der Tisch ist mit einem großen Schild markiert. Seit mehr als 125 Jahren gibt es bei Katz's die allerbesten Pastrami-Sandwiches. Sie sind riesig, also am besten teilen. *Tgl. | 205 East Houston Street | Tel. 1 212 2 54 22 46 | katzdelicatessen.com | Subway F 2nd Av.* | *Chinatown* | *E14*

37 ANABLE BASIN

Ein gemütlicher Biergarten mit nicht allzu übertriebenen Preisen und perfektem Blick auf die Skyline von New York – gibt's nicht? Gibt's doch! *Tgl., nur Barzahlung | 4-40 44th Drive | Tel. 1 718 4 33 92 69 | anablebasin.com | Subway E, M, G, 7 Court Square-23 Street* | *Long Island City* | *J–K9*

RESTAURANTS €

38 MEL

Siehst du die Warteschlange? Dann bist du richtig! Bei Mel wird das Mehl selbst gemahlen und was daraus entsteht, ob süß oder salzig, gehört zu den besten Backwaren der Stadt. Dazu kannst du dich großartig dem *people watching* am ultrahippen Dimes Square hingeben. *Do–So | 1 Ludlow Street | Tel. 1 917 3 82 02 78 | melthe bakery.com | Subway F East Broadway* | *Lower East Side* | *D16*

39 CHUKO

Hier schmeckt die *ramen*-Suppe, die herzhafte japanische Nudelsuppe, einfach fantastisch. Tgl. | *565 Vanderbilt Av./Dean Street | Tel. 1 347 425 9570 | chukobk.com | Subway A, C Clinton-Washington Av.* | *Brooklyn* | *M23*

40 DOS TOROS TAQUERIA

Einfach, schnell, billig: rustikaler Imbiss mit Tacos, Burritos und Quesadillas. Trotzdem wird nachhaltig gewirtschaftet, vom Kompostieren der Reste bis hin zum Einsatz von *local food*. Zahlreiche Filialen, z. B. *11 Carmine Street | Tel. 1 212 6 27 20 51 | dostoros.com | Subway A, C, E, B, D, F, M West 4 Street* | *West Village* | *C13*

41 BIRRIA-LANDIA

Von diesem Food Truck schwärmt selbst die New York Times. Tacos in die dazugehörige Suppe tauchen, reinbeißen und die Fiesta-Atmosphäre unter der Hochbahn von Queens genießen. *Tgl. | 77–99 Roosevelt Av. | Tel. 1 347 2 83 21 62 | qrusamenu.com | Subway 7, E, F, M, R Jackson Hts.-Roosevelt Av.* | *Jackson Heights* | *0*

42 VESELKA

Diese New Yorker Institution bietet köstliches osteuropäisches Essen zu fairen Preisen. Leckere Teigtaschen, *borschtsch*-Suppe, aber auch Burger und Sandwiches. *Tgl. | 144 2nd Av. | Tel. 1 212 2 28 96 82 | veselka.com | Subway 6 Astor Place* | *East Village* | *E13*

43 LEXINGTON CANDY SHOP

Wie aus einem alten Woody-Allen-Film wirkt dieses gemütliche Eck-Diner. Und ja, Allen hat hier auch wirklich schon Filme gedreht. *Tgl. | 1226 Lexington Ave | Tel. 1 212 2 88 00 57 | lexingtoncandyshop.com | Subway 4, 5, 6 86th Street* | *Upper East Side* | *J4*

Ja, so sehen sie aus, die Pastrami-Sandwich-Experten in der Küche von Katz's

44 WU'S WONTON KING

Hier hängen ganz klassisch die Peking-Enten im Schaufenster und die Nachbarschaft trifft sich zum Essen oder feiert an den runden Tischen Feste. Denn am schönsten ist es, sich hier mit Freunden oder Familie durch die Karte zu futtern. *Tgl. | 165 E Broadway | Tel. 1 212 4 77 11 11 | wuswontonking.com | Subway F East Broadway | Lower East Side | E16*

45 KOPITIAM

Malaysisch gefällig? In diesem freundlich-entspannten Diner kannst du für wenig Geld in eine der faszinierendsten Küchen Asiens abtauchen – irgendwo zwischen Thai, Chinesisch und Indisch. Vom Milchtoast zum Frühstück bis zu Reisnudeln zum Abendessen: Hier schmeckt einfach alles gut. *Tgl. | 151 East Broadway | Tel. 1 646 6 09 37 85 | kopitiamnyc.com | Subway F East Broadway | Chinatown | E16*

46 LORELEY

Viele Amerikaner lieben deutsche Biergärten – und ein New Yorker Equivalent ist die Loreley von DJ Michael Momm. Falls du Heimweh bekommen oder einen Ort zum Karneval feiern oder Fußball gucken suchen solltest, dann bist du hier richtig. *Tgl. | 7 Rivington Street/zw. Bowery und Chrystie Street | Tel. 1 212 2 53 70 77 | loreleynyc.com | Subway F 2 Av. | Lower East Side | D14*

47 HALAL GUYS

Als 2012 der Wirbelsturm Sandy mit zerstörerischer Macht über New York hinwegfegte, war die Stadt wie verlassen und die meisten Geschäfte blieben geschlossen. Nur die Halal Guys harrten tapfer weiter an ihrem Stand aus. Mit dieser Hartnäckigkeit machten die drei Einwanderer aus Ägypten aus einem kleinen Gyros-Stand mit dem für Muslime erlaubten Halal-Gerichten ein Weltimperium, das schon lange nicht mehr nur muslimische Taxifahrer frequentieren. Restaurants und Stände gibt es inzwischen in den ganzen USA und darüber hinaus. Das Original aber, wo alles begann, ist immer noch hier. *Tgl. | West 53rd Street/ 6th Av. | thehalalguys.com | Subway B, D, E 7 Av. | Midtown | E6*

48 99 CENTS FRESH PIZZA

Ein *slice* in der Hand, schlendernd gegessen, gehört zum Leben in New York. Jeder weiß hier: Zur Not kann man immer von Pizza leben. Wenn also das Reisebudget strapaziert und der Abend spät ist, dann muss ein *dollar slice* her – und das käsig-tomatige Stück Pizza macht auf herrlich köstliche Weise satt. *Tgl. | 71 2nd Av. | Tel. 1 212 967 33 10 | 99centsfresh pizzanyc.com | Subway F 2nd Av. | East Village | E13*

49 AREPA LADY

Die Arepa Lady – eine aus Kolumbien nach New York geflohene frühere Richterin – war schon Kult, als sie ihre gefüllten Maisfladen noch allein von einem kleinen Straßenwägelchen aus verkauft hat. Im Restaurant in Jackson Heights schmecken die *arepas* aber zum Glück genauso köstlich. *Tgl. | 77–17 37th Av. | Tel. 1 917 745 11 11 | Subway 7, E, F, M, R Jackson Hts.-Roosevelt Av. | Jackson Heights | 0*

50 SHABU-TATSU

Fühlst du dich *shabu shabu*? Dann brutzel dir bei diesem Fondue die hauchdünnen Scheiben geschnittenen Premium-Rinderfilets aus Japan einfach selbst. *Tgl. | 216 E 10th Street | Tel. 1 212 4 77 29 72 | shabutatsu.com | Subway 6 Astor Place | East Village | E13*

Erst Schlange stehen, dann im Glitzerlicht Burger und Hot Dogs schlemmen: Shake Shack

51 SHAKE SHACK

INSIDER-TIPP
Die wichtigste Lunch-Schlange der Stadt

Am besten schmecken die Burger, Hot Dogs und Milchshakes dort, wo Koch Danny Meyer den Grundstein für sein Shake-Shack-Imperium legte: im Madison Square Park mit Blick auf das wunderschöne Flatiron Building. Selbst das Schlange stehen gehört inzwischen zum Kult-Erlebnis dazu. *Tgl. | Madison Av./23rd Street | Tel. 1 212 8 89 66 00 | shakeshack.com | Subway 6 23rd Street | Flatiron District | E11*

52 SILVER RICE

Ja, auch Pappbecher können süchtig machen. Falls sie gefüllt sind mit Klebreis, Leinsamen, rohem Thunfisch- oder Lachstartar, Avocadoscheiben, Gurkenstreifen und scharfer Mayonnaise. Was alles unter freiem Himmel noch viel besser schmeckt. *Tgl. | 638 Park Place | Tel. 1 718 3 98 82 00 | silverrice.com | Subway 2, 3, 4, 5 Franklin Av. | Crown Heights | 0*

53 SMORGASBURG

Auf dem größten Open-Air-Markt für Foodies in den ganzen USA mampfst du dich an diversen kleinen Buden durch Sandwiches, Hühnchen in Buttermilch, selbst eingelegte Gurken und hausgemachte Eiscreme. *April–Okt. Fr: Fulton Street/Church Street | Subway 1 WTC Cortlandt | Financial District | B16; Sa: East River State Park | Kent Av. u. N 7th Street | Subway L Bedford Av. | Williamsburg | H–J14–15; So: Breeze Hill/Prospect Park | Subway B, Q Prospect Park | Prospect Park | 0; smorgasburg.com*

54 XI'AN FAMOUS FOODS

INSIDER-TIPP
Mit der Subway in Asiens Küchen

Wenn dir Chinatown in Manhattan nicht ausreicht, dann ab nach Flushing! Hier kannst du dich auf das Köstlichste durch ganz Asien futtern. Am besten startest du bei Xi'an, das die Betreiberfamilie inzwischen als kleine Kette auch in anderen Stadtteilen etabliert hat. *So geschl. | 41–10 Main Street | Tel. 1 212 7 86 20 68 | xianfoods.com | Subway 7 Flushing-Main Street | Flushing | 0*

55 SYLVIA'S RESTAURANT

In Harlem kommt Südstaatenküche der leider 2012 verstorbenen „Königin des Soulfood" Sylvia Woods auf den Tisch. Besonders beliebt sind die Waffeln mit Hühnchen zum Frühstück.

Unbedingt an der Bar sitzen! *Tgl. | 328 Malcolm X Blvd. | Tel. 1 212 9 96 06 60 | sylviasrestaurant.com | Subway 2, 3 125 Street | Harlem | 📖 0*

56 THAI DINER

Welches der unzähligen Thai-Restaurants New Yorks das beste ist, daran scheiden sich seit jeher die Geister. Lange war das Restaurant Uncle Boons auf der Liste, dann Uncle Boons Sister. Jetzt hat das Betreiberpaar das Beste aus ihren beiden früheren Restaurants auf die Karte des Thai Diner gepackt und damit wieder einen Hit gelandet. *Tgl. | 186 Mott Street | Tel. 1 646 5 59 41 40 | thaidiner.com | Subway J, Z Bowery | Nolita | 📖 D15*

57 PANNA II

Lichter hängen von der Decke und alles glitzert, blinkt und leuchtet: Die ganz schön psychedelische Atmosphäre dieser indischen Restaurants ist nicht nur bei Instagram-Fans Kult und das Essen gut und günstig. *Tgl. | 93 E 1st Av. | Tel. 1 212 5 98 46 10 | panna2.com | Subway F 2nd Av. | East Village | 📖 E14*

58 NITEHAWK

INSIDER-TIPP
Hollywood und Apfelkuchen

Abendessen im Kino? Das geht, bei Klassikern und Arthouse-Filmen, dank Sterne-Koch Saul Bolton im Nitehawk ganz wunderbar. Neben dem Original in Williamsburg gibt es seit einiger Zeit auch noch eine Location direkt am Prospect Park *(nitehawkcinema.com/prospectpark). Tgl. | 136 Metropolitan Av. | Tel. 1 646 9 63 92 88 | nitehawkcinema.com | Subway L Bedford Av. | Williamsburg | 📖 J15*

Unwiderstehlich chinesisch, unschlagbar günstig: Vanessa's Dumpling House

59 L&B SPUMONI GARDENS

Weitab jeglicher Touristenpfade liegt dieser wunderbare Biergarten im tiefsten Brooklyn. Ein Riesenstück Pizza gibt es hier für weniger als $ 3 und zum Nachtisch ein Spumoni-Eis, alles in authentisch-heimischer Brooklyn-Atmosphäre. *Tgl. | 2725 86th Street | Tel. 1 718 449 12 30 | spumonigardens.com | Subway N, Q, W Av. U | Gravesend | 0*

60 VANESSA'S DUMPLING HOUSE

Acht gebratene chinesische *dumplings* (Teigtaschen) mit Schweinefleisch-Füllung für $ 5,50, Sesampfannkuchen mit Schweinefleisch für $ 4,50. Viel billiger geht's nicht – und es schmeckt! Täglich in mehreren Filialen, z. B. *118A Eldridge Street | Tel. 1 212 6 25 80 08 | vanessas.com | Subway B, D Grand Street | Chinatown | D–E15*

61 ALPHA DONUTS

Zeitreise gefällig? Auf in dieses ganz wunderbar-authentische alte Diner in Queens, das Sandwiches, Burger, Eierspeisen oder Donuts serviert. *Tgl. | 45–16 Queens Blvd. | Tel. 1 718 4 72 47 25 | Subway 7 46th Street-Bliss Street | Sunnyside | 0*

62 MAMA'S TOO!

Eigentlich serviert dieser Laden ganz simple Pizzastücke – aber die sind dermaßen gut, dass sogar der Kritiker der New York Times dahinschmolz. *Tgl. | 2750 Broadway | Tel. 1 212 5 10 72 56 | mamastoo.com | Subway 1 103 Street | Upper West Side | 0*

63 GANESH TEMPLE CANTEEN

Im Keller eines wunderschönen Hindu-Tempels im bunten, multi-religiösen Stadtteil Flushing versteckt sich dessen Kantine – und jeder darf dort essen. Auf der Speisekarte stehen indische, auch vegetarische Gerichte, und nichts kostet mehr als $ 10. *Tgl. | 143–09 Holly Av. | Tel. 1 718 4 60 84 84 | canteen.nyganeshtemple.org | Subway 7 Flushing-Main Street | Flushing | 0*

64 ANITA

Die „Mama der Eiscreme" begann ihr Geschäft einst in Israel und ist vor einiger Zeit glücklicherweise auch nach New York gekommen. Am besten durch mehrere Sorten durchprobieren, die es auch in vegangen und zuckerfreien Ausführungen gibt. *Tgl. | 1561 2nd Av./81st Street | Tel. 16468611957 | anita-gelato.com | Subway Q 86 Street | Upper East Side | K4*

65 NEW FULTON FISH MARKET

Nur selbst geangelt ist frischer! Auf dem größten Fischmarkt der Vereinigten Staaten, 1822 eröffnet, gibt es eine riesige Auswahl an außergewöhnlichen Fischsorten von bester Qualität. Eigentlich wird hier nur an die Luxus-Restaurants der Stadt verkauft, aber jeder darf ab 2 Uhr vorbeischauen und mit den freundlichen Händlern um edle Meeresfrüchte felischen. *Mo–Fr 2–7 Uhr | 800 Food Center Dr. | Tel. 1 718 378 2356 | newfultonfishmarket.com | Bus Bx6 | Bronx | 0*

INSIDER-TIPP
Frischer Fisch bei Fischers Fritze

SHOPPEN & STÖBERN

Die neuesten Trends, die besten Vintage-Kostbarkeiten und internationale Klassiker: In der Shoppingmetropole New York gibt es keinerlei Wünsche, die unerfüllt bleiben müssen.

Beim Shopping in New York kannst du dir die Füße platt laufen: An der Madison und der Fifth Avenue liegen kilometerlang Filialen internationaler Prestigedesigner und Nobelkaufhäuser, aufgereiht wie an einer Perlenkette. Nette kleinere Läden gibt es in SoHo, Chelsea und an der Lower East Side sowie in Williamsburg, Cobble Hill oder Carroll Gardens in Brooklyn.

Alle Adressen in diesem Kapitel findest du auf der Faltkarte

Zwischen Kult und Kitsch: Big-Apple-Souvenirs

So richtig günstige Schnäppchen macht der Wechselkurs inzwischen nicht mehr möglich und viele Ketten gibt es längst auch in Europa. Aber allein die riesige Auswahl macht das Shoppen in New York doch immer wieder zu einem einzigartigen Erlebnis. Fast alle Geschäfte haben abends lange und auch am Wochenende geöffnet, stark abweichende Öffnungszeiten werden auf den folgenden Seiten angegeben. Damit sind der Jagd nach Lieblingsstücken (fast) keine Grenzen gesetzt. Aber Achtung: Die Preisschilder zeigen meist nur die Nettopreise!

WO NEW YORK SHOPPT

MARCO POLO HIGHLIGHTS

★ **STRAND BOOK STORE**
Günstige Bücher ohne Ende: das Paradies für (Kunstbuch-)Liebhaber ➤ S. 91

★ **BERGDORF GOODMAN**
Edles Kaufhaus mit den besten Schaufensterdekorationen, vor allem rund um Weihnachten ➤ S. 92

★ **MOMA DESIGN STORE**
In der 53. Straße oder mitten in SoHo: In den Shops des berühmtesten Kunstmuseums der Welt findest du *modern art* und jede Menge ausgefallene Designstücke ➤ S. 95

★ **APPLE STORE**
Hier sind sie, die angesagten Technik-Gadgets ➤ S. 95

MADISON AVENUE
Die längste Luxuseinkaufsmeile der Welt
FIFTH AVENUE
Shopping-Mekka: Ein Laden neben dem anderen, alle Ketten, alles da
WILLIAMSBURG
Flohmärkte und Secondhand-Shops: im hippen Teil Brooklyns regieren Vintage & Co.
LOWER EAST SIDE
Kunstgalerien und witzige Indie-Boutiquen
Apple Store
Bergdorf Goodman
MoMA Design Store (53rd Street)
Strand Book Store
MoMA Design Store (Spring Street)
5th Avenue–59th Street
53rd Street–5th Avenue
5th Avenue
New York Penn Station
28th Street
18th Street
Broadway-Lafayette Street
Bowery
Nassau Avenue
Bedford Avenue
Graham Avenue
Marcy Avenue
Broadway
Flushing Avenue
NEW YORK
MANHATTAN
QUEENS
BROOKLYN
Guttenberg
Central Park
River Road
West 96th Street
East 96th Street
West End Ave.
Amsterdam Avenue
Columbus Avenue
Central Park West
Madison Avenue
Lexington Ave
5th Avenue
Park Avenue
York Avenu
East 72nd Str.
West 72nd Street
Broadway
10th Avenue
West 45th Street
East 34th Str.
Park Avenue South
1st Avenue
FDR Drive
Avenue C
Allen Street
Vernon Boulevard
21st Street
Franklin Street
McGuinness Brd.
Wythe Avenue
Grand Str.
Bushwick Ave.
Lee Ave.
Flushing Avenue
East Channel
West Channel
278
25
495
1 km
0.62 mi

BÜCHER

1 BARNES & NOBLE
Über die ganze Stadt verteilte Kaufhäuser für Bücherwürmer: Es gibt New Yorker, die verbringen hier lesend ganze Tage. Kein Wunder, dass die Läden auch als (nicht ganz so) geheime Singletreffs gelten. *Viele Filialen, z. B. 33 E 17th Street | Subway L, N, Q, R, 4–6 14 Street-Union Square | Gramercy Park | E12; 97 Warren Street/Greenwich Street | Subway 1, 2, 3 Chambers Street | Tribeca | B16 ; barnesandnoble.com*

2 THE BGSQD BOOKSTORE
Der nette, gut sortierte Buchladen vor allem für die LGBTQ-Community im West Village veranstaltet Gratis-Lesungen, zeigt Filme und organisiert Workshops, dazu werden meist günstig Bier und Wein angeboten. *208 W 13th Street, Room 210, 2. Stock | bgsqd.com | Subway 1, 2, 3 14th Street | West Village | C11*

WOHIN ZUERST?

Wo könntest du besser in dein New-York-Shoppingerlebnis starten als im größten Kaufhaus der Welt? **Macy's** *(E9)* zieht sich über einen ganzen Straßenblock. Hier am Herald Square findest du außerdem jede Menge weitere (Mode-)Läden, von H&M bis Gap. Elegante Boutiquen der Spitzenpreisklasse liegen dagegen an der **Madison Avenue** in Midtown und der Upper East Side *(G–H 6–7)*, während am **Broadway** rund um die Houston Street *(D14)* günstige Klamotten auf dich warten.

3 DASHWOOD BOOKS
Fotobücher in allen Größen und Preisklassen! Steig ein paar Stufen hinunter in den zauberhaften Buchladen und schwelge im kleinen, exquisiten Angebot. *Di–So ab 12 Uhr | 33 Bond Street | dashwoodbooks.com | Subway 6 Bleecker Street | NoHo | D14*

4 THE LIT. BAR
Als Noëlle Santos 2019 ihre LitBar eröffnete, gab es in der Bronx keinen einzigen Buchladen. Gegeben hat sie ihrem Heimatstadtteil damit aber weit mehr: Mitbringsel, Drinks und Veranstaltungen gibt es hier auch. *Di–So ab 12 Uhr | 131 Alexander Av. | thelitbar.com | Subway 4,5 138 Street-Grand Councourse | Bronx | 0*

5 POWERHOUSE ARENA
Schöner Buchladen in Dumbo, gegründet von einer Deutschen. Der Shop gehört zum Verlag gleichen Namens und veranstaltet auch viele Lesungen, Partys und Ausstellungen. *28 Adams Street | powerhousearena.com | Subway F York Street, A, C High Street | Dumbo | E18*

INSIDER-TIPP
Partys rund ums Buch

6 MOLASSES BOOKS
Dieser gemütliche Buchladen (der zum gleichnamigen kleinen Verlag gehört) verkauft gut erhaltene gebrauchte Bücher. Man kann auch sein gelesenes

So schön kann analog sein: Der Strand Book Store trotzt dem digitalen Zeitalter

gegen ein anderes eintauschen und dabei ganz entspannt ein Bierchen genießen. Gelegentlich legen hier auch DJs auf. *770 Hart Street | Subway M Knickerbocker Av. | Bushwick | P21*

7 STRAND BOOK STORE ★

Das kann sich sehen lassen: Fast 30 km Bücher (neu und gebraucht) und New Yorks größtes Angebot an raren Kunst- und Fotobänden warten in den Regalen. Das Familienunternehmen wurde 1927 gegründet, hat alle 47 Konkurrenten an New Yorks berühmter „Book Row" überlebt und seit kurzem auch eine Filiale auf der Upper West Side. *828 Broadway/12th Street | strandbooks.com | Subway L, N, Q, R, 4–6 14 Street-Union Square | East Village | E12*

DELIKATESSEN

8 CHELSEA MARKET

Wo der berühmte Oreo Cookie erfunden wurde, finden sich heute edle Shops und Restaurants voller (bio-fairer) Köstlichkeiten aus der ganzen Welt, von Italien über Japan, Thailand, Australien und Mexiko bis Marokko. Das historische Gebäude der ehemaligen National Biscuit Company verpasst dem riesigen (Gourmet-)Markt genau den richtigen, attraktiven Fabrik-Backsteincharme. *75 9th Av./15th Street | chelseamarket.com | Subway A, C, E 14 Street | Chelsea | B–C10–11*

9 LEVAIN BAKERY

Für die Cookies von Levain stehen viele Menschen stundenlang an – aber das Gebäck ist es wert, ob mit Walnüssen, Schokostückchen oder Erdnussbutter. Aber Achtung, es sind keine kleinen Plätzchen! Schließlich kreierten die beiden Erfinderinnen sie einst, um damit durch Triathlons zu kommen. Und alles andere in den Vitrinen? Ist natürlich auch köstlich.

INSIDER-TIPP
Cookies ohne Schlangestehen

Wenn die Schlange an der Original-Bäckerei zu lang ist, gibt es noch weitere Filialen, z. B. an der Amsterdam Avenue und in Harlem. *167 West 74th Street | levainbakery.com | Subway 1,2,3 72nd Street | Upper West Side | F4*

10 FONG ON

Eigentlich hatte Paul Eng nie das 1933 gegründete Tofu-Geschäft seiner Familie übernehmen wollen und wurde lieber Star-Fotograf in Moskau. Aber dann zog es ihn doch zurück nach Chinatown, wo jetzt sogar Sterne-Köche sein Tofu kaufen. Perfekt als Snack, süß oder salzig. *Di–So 11–19 Uhr | 81 Division Street | instagram.com/fongon1933 | Subway F East Broadway | Chinatown | D16*

11 DI PALO

INSIDER-TIPP
Wo Köstliches an der Decke hängt

Italienische Leckereien überall. Riesige Schinken hängen von der Decke, in der Auslage findet sich alles von Salami und Mozzarella bis zu Riesenrädern Parmesan. Unbedingt anschauen! *200 Grand Street | instagram.com/dipalofinefoods | Subway B, D Grand Street-6 Spring Street | Little Italy | D15*

12 ZABAR'S

Der Delikatess-Klassiker auf der Upper West Side. Hier kauften schon Meg Ryan und Tom Hanks im Film-Klassiker „e-m@il für Dich" ein. Nirgendwo wird der Lachs so hauchdünn geschnitten, und die Käseauswahl ist legendär. *2245 Broadway | zabars.com | Subway 1 79th St | Upper West Side | F3*

13 SUNRISE MART

Hier findest du insbesondere leckere Snacks für zwischendurch oder Süßigkeiten als Mitbringsel. New Yorks bester japanischer Supermarkt! *4 Stuyvesant Street | Subway 6 Astor Place | East Village | E13*

14 ECONOMY CANDY

Gestreifte Lollis, Karamellbonbons, saure Drops, Gummibärchen – und, und und! Der Familienbetrieb lockt mit traditionellen Süßigkeiten, hippen Bonbonkreationen und Zuckerlosem für Kalorienbewusste. Faire Preise und die fast 100-jährige Geschichte des Ladens ziehen Candy-Fans von weit her an. *108 Rivington Street | economycandy.com | Subway F Delancey Street | Lower East Side | E15*

DEPARTMENT STORES

15 BERGDORF GOODMAN ★

Edelkaufhaus exklusiver französischer, italienischer und junger amerikanischer Modedesigner, dazu die attraktivste Kosmetikabteilung New Yorks. Restaurant im Frauen-Store auf der anderen Straßenseite. Die besten Weihnachts-Schaufensterdekorationen

Manhattans! *754 5th Av./zw. 57th u. 58th Street | bergdorfgoodman.com | Subway N, R 5 Av. | Midtown | G7*

16 SAKS FIFTH AVENUE

Im berühmten Hauptquartier der Kaufhauskette gibt es nichts, was es nicht gibt, hin und wieder sind auch bezahlbare Sonderangebote drunter. Rund um Weihnachten funkelt die Außenfassade zu Musik. *611 Fifth Av./50th Street | saksfifthavenue.com | Subway E, M 5 Avenue – 53 Street | Midtown | G8*

17 BLOOMINGDALE'S

Nobelkaufhaus mit Mode von US-Designern und internationalen Labels. *1000 3rd Av./zw. 59th u. 60th Street | bloomingdales.com | Subway N, R, 4–6 Lexington Av./59 Street | Upper East Side | H7*

Shopping galore: das Riesenkaufhaus Macy's ist schlicht unwiderstehlich

18 MACY'S

Eins der größten Kaufhäuser der Welt! Im Erdgeschoss kannst du dein Make-up auffrischen und dann die vielen Stockwerke erkunden. Jedes Jahr zu Thanksgiving im November schmeißt das Kaufhaus eine Parade mit Festwagen und Riesenballons. *151 W 34th Street/Broadway | macys.com | Subway B, D, F, N, Q, R 34 Street-Herald Square | Midtown South | E9*

DIES & DAS

19 FLOWER DISTRICT

Ein ganzer Straßenblock voller Blumen und Grün! Durch diese Oase im Großstadtdschungel zu schlendern macht Spaß. Die besten Schnäppchen gibt es am Abend kurz vor Ladenschluss. *28th Street/zw. 6th und 7th Av. | Subway N, Q, R, W 28 Street | Chelsea | D–E10*

20 CELSIOUS

Zwei Schwestern aus Deutschland haben sich ihren Traum vom eigenen *laundromat* erfüllt. Hier kannst du beim Wäschewaschen gemütlich Cappuccino schlürfen, arbeiten oder alles rund ums umweltbewusste Säubern shoppen. *115 N 7th Street | celsious.com | Subway L Bedford Av. | Williamsburg | J15*

21 BEADS OF PARADISE

Buddhas in gelb, grün und rot, Glasvitrinen voller Schmuck, daneben

Seidenschals und Perlen satt für kreative Käufer, die sich ihren NY-Schmuck selbst basteln möchten. *16 E 17th Street/5th Av. | beadsofparadisenyc.com | Subway L, N, Q, R, 4, 5, 6 14 Street-Union Square | Flatiron District | D–E12*

22 PEARL RIVER MART

Im ultimativen Geschenkeladen auf dem Broadway gibt es haufenweise Billiges, Buntes und Einfallsreiches aus Asien. *452 Broadway | pearlriver.com | Subway N, Q, R, W Canal Street | Tribeca | C15*

23 CONTAINER STORE

Einpacken, wegpacken, sortieren – hier findest du Boxen, Behälter und Kisten in allen Farben und Formen für Küche, Büro, Garage, dazu Reiseutensilien und originelle Geschenke. *629 6th Av. | containerstore.com | Subway F, M 23 Street | Flatiron District | D11*

24 FISH'S EDDY

Tassen mit NY-Motiv, Teller mit Skyline, T-Shirts aus Bio-Baumwolle. Super für Mitbringsel! *889 Broadway/19th Street | fishseddy.com | Subway R, 6 23 Street | Flatiron District | E11*

25 HAMMACHER SCHLEMMER

Vom futuristischen Hightech-Lärmneutralisierer bis zum klassischen Kuschelpyjama: Hier erwartet dich ein wilder Geschenke-Mix. *So geschl. | 147 E 57th Street, nahe Lexington Av. | hammacher.com | Subway N, R, 4–6 Lexington Av./59 Street | Midtown East | H7*

26 LOVE, ADORNED

Origineller Laden für Schmuck, Accessoires, Kleinigkeiten und Dekoratives

Oh, heiliger Glaskubus: Technikjünger vor New Yorks Apple Store

in SoHo. *269 Elizabeth Street/E Houston Street | loveadorned.com | Subway F 2nd Av. | Soho | D14*

27 MAKARI

Japanische Kostbarkeiten, Kunsthandwerk und winzige Antiquitäten: ein kleines Tokio mitten im East Village. Ruhig, elegant und nicht ganz billig – gucken kostet aber nichts. *97 Third Av./Nähe 12 Street | themakari.com | Subway L 3 Av. | East Village | E13*

28 MOMA DESIGN STORE ★

Hier findest du jede Menge schöne Dekor- und Gebrauchsgegenstände aus der Sammlung des Museum of Modern Art. Filialen: *11 W 53rd Street/zw. 5th u. 6th Av. | Subway B, D, F, M 47–50 Street | Midtown | G7; 81 Spring Street/Ecke Crosby Street | Subway 6 Spring Street | Soho | D14; momastore.org*

29 MUJI

Wasserfeste Lautsprecher, New Yorker Wolkenkratzer als Holzklötzchen, ausgefallene Mode: japanische Ladenkette mit jeder Menge ungewöhnlicher und nützlicher Dinge. Mehrere Filialen, z. B. *455 Broadway | muji.us | Subway N, Q, 6 Canal Street | SoHo | C15*

30 WING ON WO & CO.

INSIDER-TIPP
Große Augen machen im Porzellanladen

Der älteste Laden in Chinatown (seit 1925!) hat Charme und antikes Porzellan im Angebot: Porzellanfiguren, glasierte Schälchen, bunte Becher oder auch ein ganzes Teegeschirr. Seit drei Generationen führt eine chinesische Familie das Geschäft. *26 Mott Street | wingonwoand.co | Subway J, Z Chambers Street | Chinatown | C16*

31 CITYSTORE

Socken mit U-Bahn-Muster, Feuerwehrkalender, Spielzeugtaxis und Strafzettel als Magneten: Alles, was New-York-Fans sich wünschen könnten und noch mehr, verkauft die Stadt selbst in einem eigenen Laden. *1 Centre Street | a856-citystore.nyc.gov | Subway 4, 5, 6, J, M Brooklyn Bridge | Civic Center | C16*

ELEKTRONIK

32 APPLE STORE ★

Ob MacBook oder iPhone, iPad oder AirPods – Apple definiert noch immer, was cool ist. Täglich Workshops, bei denen Profis Programme erklären. Rund um die Uhr geöffnet. *767 5th Av./59th Street | apple.com/retail/fifthavenue | Subway 4–6 59 Street, F 57 Street | Midtown East | G7*

33 B&H PHOTO VIDEO

Riesenshop für Foto- und Filmtechnik mit guten Preisen. Auch Ausleihen ist möglich. *Sa geschl. | 420 9th Av./33rd Street | bhphotovideo.com | Subway A, C, E 34 Street | Garment District | D9*

34 NINTENDO NY

Dutzende Konsolen und Spiele warten hier auf Game-Tester. *10 Rockefeller Plaza/48th Street/5th Av. | nintendonyc.com | Subway N, Q, R, S, 1, 2, 3, 7 Times Square-42 Street | Diamond District | F8*

FLOHMÄRKTE

35 GRAND BAZAAR NYC

Auf dem größten wöchentlichen Flohmarkt der Stadt kann man sonntags mit gutem Gewissen ausgiebig shoppen, denn ein Großteil der Einnahmen geht an die öffentlichen Schulen der Nachbarschaft. Die Verpflegung gibt's beim Farmers' Market nebenan. *100 W 77th Street | grandbazaarnyc.org | Subway B, C 81st Street | Upper West Side | F3*

36 ARTISTS & FLEAS

Lokale Künstler, Designer und Kunsthandwerker verkaufen Schmuck, Klamotten und vieles mehr in einer Lagerhalle. Am Wochenende in Williamsburg *(70 North 7th Street/zw. Kent u. Wythe Av. | Subway L, Bedford Av. | Williamsburg | J15)* oder tgl. im *Chelsea Market (s. S. 91) (tgl. | 88 10th Av./15th Street | Subway A, C, E, 14 Street | C11). artistsandfleas.com*

GALERIEN

37 DAVID ZWIRNER

Der wohl erfolgreichste deutsche Kunstverkäufer der Stadt präsentiert in mehreren Galerien die Klassiker von morgen. Besonders elegant sind die Räume in der 20th Street. *537 W 20th Street/zw. 10th u. 11th Av. | davidzwirner.com | Subway C, E 23 Street | Chelsea | B10*

38 MMUSEUMM

Ist es ein Mini-Museum? Eine Galerie? Oder ein „Geschichten erzählen über die moderne Welt", wie die Betreiber sagen? Am ehesten wohl eine faszinierende Mischung aus allem, die sich in einer Hinterhofgasse versteckt. *4 Cortlandt Alley | mmuseumm.com | Subway 6 Canal Street | Tribeca | C15*

39 GAGOSIAN

Galerist Larry Gagosian hat sich in New York ein kleines Kunstimperium geschaffen. In den Ausstellungsräumen locken immer neue hochkarätige Schauen. *Versch. Locations, z. B. 980 Madison Av. | gagosian.com | Subway 4, 6 77 Street | Upper Eastside | H4*

KINDER

40 FAO SCHWARZ

Es ist wieder da! 2015 hatte das legendäre Spielwarengeschäft wegen steigender Mieten schließen müssen. Dann übernahm ein neuer Betreiber und eröffnete im Rockefeller Center neu. Auch wieder da: das überdimensionale Klavier, auf dem Besucher mit den Füßen spielen können wie Tom Hanks 1988 in dem Film „Big". *30 Rockefeller Plaza | faoschwarz.com | Subway B, D, F 47–50 Streets-Rockefeller Center | Diamond District | F7*

41 DYLAN'S CANDY BAR

In diesem Schlaraffenland finden sich mehr Süßigkeiten als man sich je erträumen könnte. *20 Hudson Yards | Tel. 1 646 7 35 00 78 | dylanscandybar.com | Subway 7 34th Street-Hudson Yards | Hudson Yards | C8*

42 LEGO STORE

Im riesigen Lego-Laden staunt und baut der Nachwuchs. Und Mama und Papa können in Ruhe einkaufen. *200 5th Av./23rd Street | stores.lego.com | Subway L, N, Q, R, 4, 5, 6, 14 Street-Union Square | Flat Iron District | E11*

43 LULU'S CUTS & TOYS
Im bunten Spielzeug- und Friseurladen in Park Slope geht es turbulent zu. Zum Haareschneiden kann sich jedes Kind ein Video aussuchen, und ein Haufen Spielsachen versüßt die Wartezeit. *48 Fifth Av. | Tel. 1 718 8 32 37 32 | luluskidscuts.nyc | Subway 2, 3, 4, 5 Atlantic Av./Barclays Center | Brooklyn | L23*

44 BABY GAP
Einer von vielen Läden, mit denen die Modekette in Manhattan vertreten ist. Dieser glänzt unter anderem mit ausgefallener Babyleidung. *1988 Broadway | gap.com | Subway 1 66 Street- Lincoln Center | Upper West Side | F4*

45 GRANDMA'S PLACE
Eine frühere Lehrerin und heute echte Oma betreibt diesen süßen kleinen Laden in Harlem. In Spielsachen kennt sie sich also bestens aus. *84 W 120th Street | grandmasplaceinharlem.com | Subway 2,3 116 Street | Harlem | 0*

46 MARY ARNOLD TOYS
Der älteste Spielwarenladen der USA musste zwar wegen einer Mieterhöhung umziehen, ist aber nach wie vor ein Kinderparadies. Hier gibt es alles, von Puppen über Klamotten für Babys bis hin zu Spannendem für Teenager. *1178 Lexington Av. | maryarnoldtoys.com | Subway 6 77th Street | Upper Eastside | J4*

Steinchenkunst mit Bärenfellmütze: Begegnung im Lego-Store

KLEIDUNG & ACCESSOIRES

47 DESIGNER SHOE WAREHOUSE
Gute Treter zum kleinen Preis? Dieser Laden bietet mehr Männer- und Frauenschuhe, als man in einem Leben tragen könnte. Mehrere Filialen, z. B: *40 E 14th Street | dsw.com | Subway L, N, Q, R, 4, 5, 6 14 Street-Union Square | Union Square | E12*

48 AEROPOSTALE
Eine Kette mit cooler Kleidung zu unschlagbaren Preisen. Junge, freche und niedliche Mode mit vielen Sonderangeboten für Teenager. *100 W 33rd Street | aeropostale.com | Subway B, D, F, M, N, Q, R 34 Street | Herald Square | E9*

Shoppen in Science-Fiction-Atmosphäre: Hudson Yards ist ganz schön futuristisch

49 BEACON'S CLOSET

Vier Frauen aus Brooklyn haben ihre Köpfe zusammengesteckt – diese Kette cooler Vintage-Klamottenläden ist das Ergebnis. Klassisches, Schräges und eine großartige Auswahl! Mehrere Läden, z. B. *10 W 13th Street | Subway F, M 14 Street | Greenwich Village | D12; 74 Guernsey Street | Subway G Nassau Av. | Greenpoint | K14; beaconscloset.com*

INSIDER-TIPP
Secondhand – kreativ, cool und schräg

50 FLIGHT CLUB

Sneaker zu kaufen ist nicht nur für viele New Yorker ein eigener Sport. Um als Erster an ein neues Modell zu kommen, steht man stundenlang an oder folgt Geheimtipps zu Pop-Up-Stores. Richtig gute Sneaker auch für Normalo-Shopper gibt es in einem der wenigen Läden, die sich bereits vor mehr als einem Jahrzehnt darauf spezialisiert haben: superseltene Modelle in Glaskästen zu astronomischen Preisen oder schicke für den Alltag zum kleinen Preis. *812 Broadway | flightclub.com | Subway L, N, Q, R, 4, 5, 6 14 Street Union Square | Greenwich Village | D12*

51 CENTURY 21

In den 1990er-Jahren durchstöberte Carrie in der TV-Kultserie „Sex and the City" hier die riesige Auswahl an extrem heruntergesetzter Designermode und an Accessoires, während sie mit Mr. Big telefonierte. Während der Pandemie war die Kette eigentlich schon bankrott und von den New Yorkern kollektiv betrauert worden. Stand bei Redaktionsschluss: Das Haupthaus soll im Frühjahr 2023 zurückkommen. *22 Cortlandt Street | c21stores.com | Subway A, C, J, Z, 2, 3, 4, 5 Fulton Street | Financial District | B17*

52 J. CREW & MADEWELL

Bunt, hip und jung: Diese beiden Ketten, die zur gleichen Mutterfirma gehören, bieten Mode fürs Büro und für die Party, meist zu bezahlbaren Preisen. *Viele Filialen, z. B. 230 Vesey Street | madewell.com | jcrew.com | Subway E World Trade Center | Battery Park City | A16*

53 HOUSING WORKS

Exzellente Secondhand-Läden mit Kleidung, Büchern, Möbeln. Die Organisation Housing Works sammelt Geld für obdachlose HIV-positive Männer, Frauen und Kinder und erhält gut erhaltene schicke Kleidung von unterstützungswilligen New Yorkern. *Viele Filialen in Manhattan und Brooklyn, z. B. 130 Crosby Street | housingworks.com | Subway B, D, F Broadway-Lafayette Street | Nolita | D14*

54 LIQUOR STORE

Männermode von Todd Snyder im Steve-Mc-Queen-Look in einer Ex-Bar. *235 W Broadway | toddsnyder.com | Subway A, C, E, 1 Canal Street | Tribeca | B15*

55 MARC JACOBS

Mode und Accessoires vom Kronprinz unter den etablierten US-Designern. *127 Prince Street | marcjacobs.com | Subway N, R Prince Street | SoHo | C14*

56 PRADA

Hier gibt es – neben Edelmode – das Einkaufserlebnis des 21. Jhs.: mitdenkende Umkleidekabinen. *575 Broadway/ Prince Street | prada.com | Subway N, R Prince Street | SoHo | D14*

57 REI

Diese Kooperative verkauft vom Rucksack bis zur Daunenjacke oder zum Skianzug alles, was man zum Wandern, Skifahren, Klettern, Paddeln, Joggen oder Radfahren braucht. Die Verkäufer beraten exzellent. Und das Gebäude in SoHo ist dazu noch eins der schönsten des Stadtteils. *303 Lafayette Street | rei.com | Subway B, D, F, M Broadway-Lafayette | SoHo | D14*

58 DOVER STREET MARKET

Ausgefallen und nicht billig sind die Klamotten in dieser früheren Designschule. Aber Rei Kawakubo von Comme Des Garçons hat hier einen Einkaufstempel geschaffen, bei dem auch das reine Staunen über die Einrichtung Spaß macht. *Mo–Sa 11–18, So 12–17 Uhr | 160 Lexington Avenue | newyork.doverstreetmarket.com | Subway 6 33 Street | Murray Hill | F10*

INSIDER-TIPP
Kaufen? Oder einfach nur gucken?

59 HUDSON YARDS

An der Westseite Manhattans ist ein neues Stadtviertel entstanden, inklusive einer Mall mit Dutzenden hochwertigen Shops, die Schickes und Schönes aus den Bereichen Mode, Beauty, Kinder, Schmuck oder Haushaltswaren anbieten. Hier kannst du dich stundenlang rumtreiben! *hudsonyardsnewyork.com | Subway 7 34 Street-Hudson Yards | Hudson Yards | C8*

60 VINTAGE THRIFT STOP

Wunderbarer kleiner Second-Hand-Laden, dessen Einkünfte einer jüdischen Wohlfahrtsorganisation zugutekommen. Die schönsten Sachen werden im Schaufenster ausgestellt und versteigert. Es gibt auch noch eine Filiale im West Village. *286 Third Av. | vintage thriftshop.org | Subway 6 23rd Street | Gramercy | F11*

61 VIVIENNE WESTWOOD

Drei Stockwerke Londoner Punk-Plüsch und hippe neue Kollektionen für Männer und Frauen von der rothaarigen Mode-Ikone Vivienne Westwood. Schwarze Ledertasche in Herzform? Für $ 400 gehört sie dir! *14 E 55 Street | viviennewestwood.com | Subway E, M 5 Av./53 Street | Midtown East | G7*

SAMPLE SALES

Heruntergesetzte Designermode, Sonderverkäufe von Musterstücken und jede Menge andere Arten von Schnäppchen – New Yorker lieben *sample sales!* Meist werden diese Spektakel kurzfristig und an immer neuen Orten angesetzt, am besten du informierst dich online: *thestylishcity.com*

KOSMETIK & FRISEURE

62 AVEDA INSTITUTE

Der Beautysalon für die kleine Wellnesskur zwischendurch beim Shoppen. Hier wird auch ausgebildet: Haare färben oder eine Gesichtsreinigung ist bei den Trainees nur halb so teuer (und sie sind meist doppelt so vorsichtig). *233 Spring Street/zw. 6th Av. und Varick Street | Tel. 1212 8071492 | avedaarts.edu/locations/new-york | Subway 1 Houston Street | SoHo | C14*

63 FRÉDÉRIC FEKKAI

Der Starfriseur hatte berühmte Nobelkundinnen wie die Schauspielerinnen Liv Tyler und Naomi Watts. Heute schneidet er nur noch für $ 750. Haarschnitte bei einem seiner Mitarbeiter gibt es ab vergleichsweise günstigen $ 165. *394 West Broadway | Tel. 1212 8882600 | fekkai.com | Subway A, C, E Spring Street | SoHo | C14*

Frühstück bei Tiffany's? Bitteschön, wird im 4. Stock der Schmucklegende serviert

64 DRAMATICS NYC

Günstiger Haare schneiden geht bei dieser Kette. Einfach ohne Termin reinlaufen, schnell drankommen, nette Mitarbeiter, gute Beratung – und das alles für weit weniger als $ 50. Viele Filialen, z. B. *2468 Broadway | dramaticsnyc.com | Subway 1, 2, 3 96 Street | Upper West Side | G4*

65 KIEHL'S PHARMACY

Altmodische Apotheke, berühmt für ihre eigenen Kosmetikartikel, die ohne Tierversuche hergestellt werden. Mehrere Filialen, die schönste: *109 3rd Av./ zw. 13th und 14th Street | kiehls.com | Subway L, N, Q, R, 4–6 14 Street-Union Square | East Village | E12*

66 SEPHORA

Hier treffen sich New Yorkerinnen auf der Suche nach Beautytipps. Zahlreiche Filialen, z. B. *557 Broadway/zw. Spring u. Prince Street | sephora.com | Subway N, R Prince Street | SoHo | D14*

MUSIK

67 ACADEMY RECORDS

Vinyl lebt – und wie! Der imposante Schallplattenladen in Greenpoint hat mehr als 100 000 neue und gebrauchte Scheiben im Angebot. CDs gibt es auch. *85 Oak Street/zw. W Street u. Franklin Street | academy-lps.com | Subway G Greenpoint Av. | Greenpoint | J13*

68 JAZZ RECORD CENTER

Dieser Shop ist auf alles spezialisiert, was – genau! – mit Jazz zu tun hat. *So geschl. | 236 W 26th Street/zw. 7th u. 8th Av., 8. Stock | jazzrecordcenter.com | Subway 1 28 Street | Chelsea | D10*

OUTLET

69 WOODBURY COMMON PREMIUM OUTLETS

Das Outletcenter liegt außerhalb der Stadt und lockt mit 220 Geschäften, darunter Läden von teuren Marken wie Prada, Miu Miu, Marc Jacobs, Armani und Gucci. *Tickets inkl. Discount-Gutscheinen bei zahlreichen Busunternehmen: freetoursbyfoot.com/woodbury-commons-bus | premiumoutlets.com/outlet/woodbury-common | 0*

SCHMUCK

70 TIFFANY & CO.

Das legendäre und gerade frisch renovierte New Yorker Schmuckkaufhaus mit ebenso legendären Preisen. Im 3. Stock gibt's aber auch erschwingliche silberne Kleinigkeiten. Und im 4. Stock kann man nun wirklich frühstücken – in Anlehnung an den Filmklassiker „Frühstück bei Tiffany". Zwar ist das auch nicht wirklich günstig, aber im Vergleich zu allem drum herum ein Schnäppchen! *727 5th Av./57th Street | tiffany.com | Subway B, C 57 Street | Midtown | G7*

71 DIAMOND DISTRICT

Ein ganzer Straßenblock voller Diamanten. Ein Schmuckgeschäft reiht sich hier ans nächste und alleine das Schauen macht riesig Spaß. *47th Street/zw. 5th u. 6th Av. | Subway B, D, F 47-50 Streets-Rockefeller Center | Diamond District | F8*

AUSGEHEN & FEIERN

Musical, Theater, Jazz, Oper, Konzert, Bars oder Clubs: Die New Yorker haben jeden Abend mehr Auswahl zwischen unzähligen Events als die meisten anderen Städter auf dem Globus. Nach der Arbeit gehen sie deswegen meist gar nicht erst nach Hause, sondern treffen sich direkt in der Lieblingsbar auf einen Drink oder zu einem frühen Abendessen im Restaurant. Danach geht es ins Theater, in die Oper, ins Musical oder ins Kino, den Abschluss findet der Abend wiederum in einer der angesagten Locations der Stadt. Das riesige Angebot kann allerdings auch erschlagend wirken. Am

Für New Yorks Nachtleben muss das kleine Schwarze ins Gepäck: Glamour im 230 Fifth

besten lässt du dich einfach durch ein Stadtviertel treiben – egal wo du landest, es wird immer was los sein.
Livemusik ist eine der Domänen der Stadt, besonders in Sachen Jazz, Blues und Rock. Vor allem die jüngeren Nachtschwärmer zieht es dafür inzwischen in die Hipster-Viertel Williamsburg und Bushwick in Brooklyn – die Preise sind hier niedriger, die Musik und die Locations cooler.

WO NEW YORK AUSGEHT

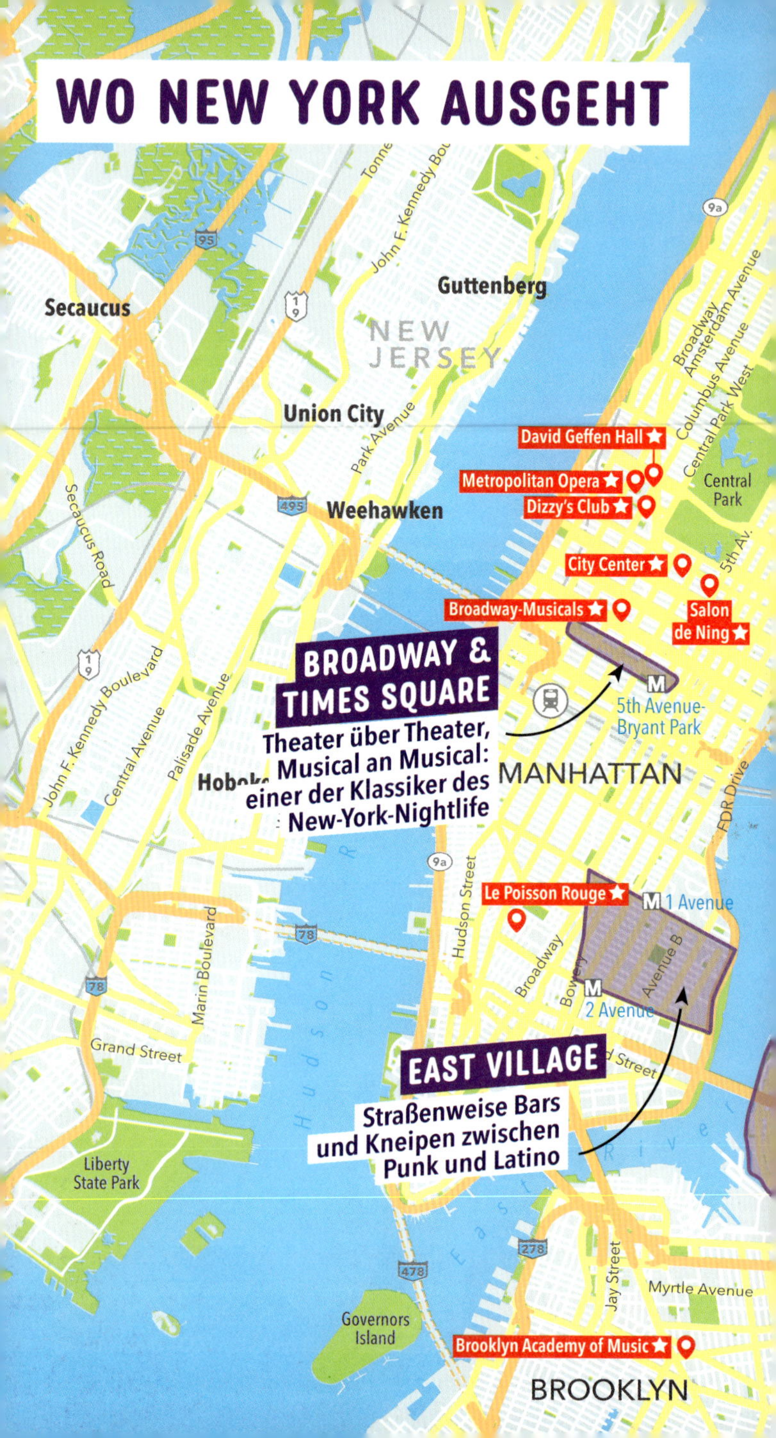

MARCO POLO HIGHLIGHTS

★ **SALON DE NING**
Drinks auf der Terrasse mitten im nächtlichen Wolkenkratzergetümmel
➤ S. 112

★ **BROADWAY-MUSICALS**
In New York? Nicht nur für Fans ein Muss ➤ S. 112

★ **LE POISSON ROUGE**
Die beste Musik der Stadt spielt in diesem Nachtclub ➤ S. 115

★ **DIZZY'S CLUB**
Der Club im Lincoln Center ist ein Klassiker in Sachen allerfeinster Jazz
➤ S. 117

★ **DAVID GEFFEN HALL**
Hier spielen die New Yorker Philharmoniker ➤ S. 120

★ **CITY CENTER**
Mitreißende Ballettaufführungen im renovierten Theater ➤ S. 121

★ **METROPOLITAN OPERA**
Stars von Weltruf schaffen das berühmteste Opernereignis überhaupt
➤ S. 121

★ **BROOKLYN ACADEMY OF MUSIC**
Tanz, Musik, Theater, Film, Literatur, Comedy ... ein einziger, abenteuerlich-kultureller Wirbel ➤ S. 122

BARS

Viele der besten Bars der Welt haben ihre Heimat im Big Apple. Selbst Hotelbars sind häufig eine gute Wahl – bei klassischen Cocktails sitzt man hier bis nach Mitternacht zusammen und die Crowd reicht über Übernachtungsgäste weit hinaus. Angesagt sind unter anderem die *King Cole Bar* im *St Regis*, das *Le Bain* auf dem *Standard*, und die *Grand Bar* im *Hotel Soho Grand*. Die Barkeeper New Yorks sind experimentierfreudig und immer auf der Suche nach dem neuesten Mischgetränk. Unter anderem werden gerne wiederbelebte Getränke aus dem 17. und 18. Jh. serviert: Eine Art Glühwein ist der „Bishop" (Rotwein, Anis, Nelken und Orangen), beliebt auch der „Flip" (Hochprozentiges mit Ei und Zucker) und der „Cobbler" (Wein, frisches Obst und Zucker). Wenn du ausgehst, nimm immer deinen Ausweis mit: In vielen Bars wirst du danach gefragt, auch wenn du deutlich über 21 Jahre alt bist – das Mindestalter für Alkoholkonsum in den USA.

WOHIN ZUERST?

Das New Yorker Nachtleben ist so vielfältig und bunt wie die Stadt selbst. Ein Musical im Theater District? Jazz in Greenwich Village? Oder doch lieber eine der vielen kleinen Rockkneipen und Livemusikclubs an der Lower East Side? Alles Geschmacksache – aber auf den Start in den Abend im **Salon de Ning** *(📖 G7)* ganz oben auf dem Dach des Hotels The Peninsula können sich alle einigen! Von der Terrasse aus gesehen glitzert und funkelt die Stadt verführerisch.

1 230 FIFTH

Die riesige Dachterrassenbar an der Fifth Avenue, die schon viele Preise eingeheimst hat, liegt mitten im Lichtermeer von Midtown. Wenn es kalt wird, gibt es Decken, wenn es noch kälter wird, kleine Iglus zum Warmhalten. *230 5th Av./27th Street | Tel. 1 212 7 25 43 00 | 230-fifth.com | Subway N, R, 6 28 Street | NoMad | 📖 E10*

2 BEAUTY BAR

Gibt es etwas Schöneres, als sich mit einem Martini in der linken Hand die Fingernägel der rechten professionell lackieren zu lassen? Und dann umgekehrt? In diesem zur Bar umfunktionierten Schönheitssalon kein Problem! *231 E 14th Street | Tel. 1 212 5 39 13 89 | thebeautybar.com | Subway L Third Av. | Gramercy Park | 📖 E12*

3 ALPHABET CITY BEER CO.

Im hippen East Village trinken die Einheimischen auf dem Ledersofa eine der 350 Biersorten. *96 Av. C/Nähe 7th Street | Tel. 1 646 4 22 71 03 | abcbeer.co | Subway F 2nd Av. | East Village | 📖 F14*

4 FLOYD

In dieser altmodisch-gemütlichen Bar in Brooklyn Heights kannst du zum Bierchen kostenlos Boccia spielen. *131 Atlantic Av. | Tel. 1 718 858 5810 | floydny.com | Subway 2, 3, 4, 5 Borough Hall | Brooklyn Heights | 📖 H21*

Mehr als einen Hauch französische Lebensart verströmt das Balthazar

5 APOTHÉKE

INSIDER-TIPP
Was der Arzt verschrieben hat

Barkeeper in Apotheker-Kitteln flambieren Absinth-Drinks: Das grüne Getränk war lange verboten – jetzt ist es heiß begehrt und die Bar immer proppenvoll. *9 Doyers Street/zw. Bowery u. Pell Street | Tel. 1 212 4 06 04 00 | apothekenyc.com | Subway N, Q, 6 Canal Street | Chinatown | D16*

6 HOLLAND BAR

Laute Musik, günstiges Bier, schräge Leute: In New York nennt man das eine *dive bar* – beste Voraussetzung für einen lustigen Abend! *532 9th Av. | Tel. 1 212 502 4609 | Subway A, C, E 42 Street-Port Authority | Hudson Yards | D8*

7 BALTHAZAR

Die französische Brasserie ist hip, ohne versnobt zu sein, die Steak frites sind der Renner. An der Bar schlürfst du Drinks und hältst nach Promis Ausschau. *80 Spring Street/Crosby Street | Tel. 1 212 9 65 14 14 | balthazarny.com | Subway 6 Spring Street | Little Italy | D14*

8 JIMMY'S CORNER

Eine gute Bar mit bezahlbaren Drinks in der Nähe des Times Square zu finden, ist eine Herausforderung – und Jimmy's die Rettung! Fotos an den Wänden erzählen das Leben des verstorbenen ursprünglichen Besitzers, der einst Muhammad Ali trainiert hat, am Tresen gibt es günstiges Bier. *140 W 44th Street | Tel. 1 212 2 21 95 10 | Subway 1, 2, 3, 7, N, Q, R, S Times Square-42nd Street | Theater District | E8*

9 BARCADE

Diese Bars haben Spielhallencharakter: ein frisch gezapftes Bier und dann

Erinnerung an den Kinderbuchautor Ludwig Bemelman in der nach ihm benannten Bar

INSIDER-TIPP
Zurück in die Spielhallen die 80er

der perfekte Retrospaß mit legendären 80er-Jahre-Videogames für 25 Cent. Drei Filialen: *148 W 24th Street | Subway 1, 23rd Street | Chelsea | D10; 6 St Marks Pl | barcadestmarks.com | Subway 6, Astor Place | East Village | E13; 388 Union Av. | barcadebrooklyn.com | Subway L Lorimer Street | Brooklyn | K16; barcadenewyork.com*

10 LOCAL 138

Eine gemütliche Nachbarschaftskneipe mit langer Happy Hour. *181 Orchard Street | Tel. 1 212 4 77 02 80 | Subway F Delancey Street | Lower East Side | E14*

11 SUNNY'S BAR

In dieser uralten und urgemütlichen New Yorker Institution am Hafen von Red Hook fühlst du dich sofort wohl. *253 Conover Street | sunnysredhook.com | Bus B61, Beard Street/Van Brunt Street | Red Hook | E24*

12 BATHTUB GIN

Der Name erinnert an den Gin, der zur Prohibitionszeit in der Badewanne hergestellt wurde. Neben Cocktails gibt es Kleinigkeiten zu essen. Sympathisch! *132 9th Av./zw. 18th u. 19th Street | Tel. 1 646 5 59 16 71 | bathtubginnyc.com | Subway A, C, E 14 Street | Chelsea | C10*

13 NOWHERE

Angenehme LGBTQ-Bar mit täglich wechselnden Alkohol-Sonderangeboten und Billiardtisch. *322 East 14th Street | Tel. 1 917 4 09 14 42 | nowherebarnyc.com | East Village | Subway L First Av. | E12–13*

14 BEMELMAN'S BAR

Romantische Pianobar im Carlyle Hotel mit Stil: gediegenes Interieur, elegante Gäste. *35 E 76th Street/Madison Av. | Tel. 1 212 744 16 00 | short.travel/new12 | Subway 6 77th Street | Upper East Side | H5*

15 THE BLIND BARBER

INSIDER-TIPP
Wenn der Barbier den Cocktail serviert

Lass dir im nostalgisch eingerichteten Barbierladen für $ 55 die Haare schneiden und nippe dazu an einem Cocktail, der im Preis inbegriffen ist. *339 E 10th Street | Tel. 1 212 2 28 21 23 | blindbarber.com | Subway L 1 Av. | East Village | F13*

16 BRASS MONKEY

Die Bar verführt mit relaxter Atmosphäre im sonst eher dicht gedrängten Meatpacking District. Von der Dachterasse hast du Aussicht auf den Hudson River. *55 Little W 12th Street/zw. Washington Street u. 10th Av. | Tel. 1 917 7 65 67 46 | brassmonkeynyc.com | Subway A, C, E, 14th Street | Meatpacking District | B11*

17 NEIR'S TAVERN

Schaust du gerne alte Mafia-Filme mit ihrer ganz besonderen Atmosphäre? Dann ab ins Viertel Woodhaven in Queens, denn hier – in einer der ältesten noch immer existierenden Bars im ganzen Land – wurden viele Szenen von „GoodFellas" mit Robert De Niro gedreht. *87–48 78th Street | Tel. 1 718 2 96 06 00 | neirstavern.com | Subway J, 75 St-Elderts Lane | Woodhaven | 0*

18 BROADWAY DIVE

Hier kennen sich die vielen Stammgäste und nehmen Neuankömmlinge freundlich in ihre lustige Runde auf. *2662 Broadway | Tel. 1 212 8 65 26 62 | dive101.divebarnyc.com | Subway 1 103 Street | Upper West Side | 0*

19 CIBAR LOUNGE

Große Auswahl an verschiedenen Martinis, die du vor dem Kamin im Bambusgarten trinkst. *56 Irving Place/zw. 17th und 18th Street | Tel. 1 212 4 60 56 56 | cibarlounge.com | Subway L, N, Q, R, 4–6 14 Street-Union Square | Gramercy Park | E12*

20 THE DEAD RABBIT GROCERY AND GROG

Die Bar wurde nach einer berüchtigten Gang des 19. Jhs. benannt. Auf zwei Stockwerken wird kräftig gemixt: Punch, Bishops, Flips und Cobblers im Angebot. *30 Water Street | Tel. 1 646 4 22 79 06 | deadrabbitnyc.com | Subway N, R Whitehall Street | Financial District | B18*

21 THE DELANCEY

Eine Rooftop-Bar, ein Garten mit Fischteich und ein Tanzclub – hingehen! *168 Delancey Street | Tel. 1 212 2 54 99 20 | thedelancey.com | Subway F Delancey Street | Lower East Side | E15*

22 THE FREEHOLD

INSIDER-TIPP
Pingpong mit WLAN

In Williamsburg liegt diese Hipster-Hotelbar ohne Hotel, dafür mit Drinks drinnen und draußen, Tischtennistischen, WLAN und vielen Gästen aus der Nachbarschaft. *45 S 3rd Street/Nähe Wythe Av. | Tel. 1 718 388 75 91 | freeholdbrooklyn.com | Subway J, M, Z Marcey Av. | Williamsburg | H16*

23 HENRY PUBLIC

Gemütlich und *sophisticated:* Diese altmodische Bar sieht aus wie ein elegantes britisches Pub aus dem 19. Jh. Es erwarten dich klassische Longdrinks, originelle Cocktails, kleine Leckereien wie Bio-Burger oder das vom New York Magazine preisgekrönte Truthahn-Sandwich. *329 Henry Street/Nähe Atlantic Av. | Tel. 1 718 852 86 30 | henrypublic.com | Subway 2, 3, 4, 5 Borough Hall | Brooklyn | H21*

24 HOUSE OF WAX

Jetzt wird's makaber: Mehr als 100 anatomische Modelle (eine Sammlung aus Berlin!) sind rund um den Tresen ausgestellt – Wachsmodelle, die Körperteile, chirurgische Eingriffe und Abnormitäten zeigen. Dazu vielleicht einen „Napoleon Death Mask"? *445 Albee Square W, 1. Stock | Tel. 1 718 513 25 47 | thehouseofwax.com | Subway 2, 3 Hoyt Street | Brooklyn | K21*

25 EMPELLON AL PASTOR ROOFTOP AND BAR

Olé! Die interessante Dachterrasse mit spektakulärem Blick auf das Empire State Building bietet spanischen Flair durch ihre gemauerten Rundbögen. *145 E 39th Street | Tel. 1 212 865 57 00 | empellon.com | Subway 4–7, S, Grand Central-42 Street | Murray Hill | G9*

26 MCSORLEY'S OLD ALE HOUSE

Die älteste Bar in New York dürfen Frauen erst seit 1970 betreten. Auf dem Boden liegen Sägespäne, und beim Bestellen kannst du nur zwischen *light* und *dark beer* wählen. Und man bekommt immer gleich zwei – Prost! *15 E 7th Street/3rd Av. | Tel. 1 212 473 91 48 | mcsorleysoldalehouse.nyc | Subway 6 Astor Place | East Village | E13*

27 EAR INN

Auch sehr alt und sehr gemütlich, gutes Bier und gute Burger, neuerdings im „Ear Out" auch draußen vor der Tür. *326 Spring Street | Tel. 1 212 226 90 60 | theearinn.com | Subway 1 Houston Street | West Village | B14*

Laue Sommerabende in luftiger Höhe – auf der Terrasse der Press Lounge

28 FANELLI'S CAFE

Seit Jahrzehnten ein Treffpunkt für Künstler und einer der letzten Überbleibsel des alten SoHo inmitten neuer Luxusläden. *94 Prince Street | Tel. 12122269412 | Subway R, W, N, Q Prince Street | SoHo | C14*

29 PRESS LOUNGE

Eine Rooftop-Bar rund um den Pool auf dem Ink48 Hotel mit fantastischer Aussicht und viel Platz. *653 11th Av./48th Street | Tel. 1 212 7 57 22 24 | thepresslounge.com | Subway C, E, 1 50 Street | Hell's Kitchen | D6*

30 DUTCH KILLS

Köstliche Cocktails mit handgeschnittenem Eis in einer Bar im anspruchsvoll-altmodischen Stil. *27–24 Jackson Av. | Tel. 1 718 3 83 27 24 | dutchkillsbar.com | Subway E, M, R Queens Plaza | Queens | M10*

31 THE ROYAL PALMS SHUFFLEBOARD CLUB

INSIDER-TIPP
Lass uns mal shufflen gehen

Shuffleboard kennst du nicht? In Brooklyn kannst du dich daran versuchen. Falls du das britische Spiel für zwei oder vier, das dem Curling ähnelt, mal ausprobieren willst: Hier kostet es $ 50/Stunde und eine Bar sorgt für das nötige Zielwasser. *514 Union Street | Tel. 1 347 2 23 44 10 | royalpalmsbrooklyn.com | Subway R, Union Street | Brooklyn | J23*

32 FLAGSHIP BREWERY

„Unvergessliches Bier aus dem vergessenen Stadtteil" serviert die Flagship Brewery in Staten Island im gemütlichen Taproom neben der Brauerei. *40 Minthorne Street | Tel. 1 718 6 91 59 07 | flagshipbrewery.nyc | Staten Island Ferry | Staten Island | 0*

33 THE BRONX BREWERY

Auch in der Bronx wird wieder Bier gebraut und in einem gemütlichen Restaurant mit Bar gezapft. *856 E 136th Street | Tel. 1 718 4 02 10 00 | thebronxbrewery.com | Subway 6 Cypress Av. | Bronx | 0*

34 RUDY'S BAR

Durch die schmale Kneipe alter Schule rennt die Bedienung mit großen Krügen voller Bier und Platten voller Gratis-Hotdogs, als wollte sie fürs Oktoberfest trainieren. *627 9th Av./45th Street | Tel. 1 646 7 07 08 90 | rudysbarnyc.com | Subway A, C, E 42 Street-Port Authority Bus Terminal | Hell's Kitchen | D7*

35 SALON DE NING ★

Ein herrliches Glashaus auf dem Dach des Hotels *The Peninsula*. Im Sommer sitzt du auf der Terrasse im 23. Stock zwischen den Wolkenkratzern und blickst in den Himmel über der Stadt. *700 5th Av./55th Street | Tel. 1 212 9 03 39 95 | short.travel/new13 | Subway E, M 5 Av. | Midtown | G7*

36 SMITH & MILLS

Cocktails in einem alten Kutscherhaus – was für eine ausgefallene, charmante Kneipe! *71 N Moore Street | Tel. 1 646 8 58 14 33 | smithandmills.com | Subway 1 Franklin Street | Tribeca | B15*

37 TØRST

Dänische Bar mit Snacks und gutem Bier: skandinavisches Ambiente in Greenpoint. *615 Manhattan Av./zw. Driggs u. Nassau Av. | Tel. 1 718 3 89 60 34 | torstnyc.com | Subway G Nassau Av. | Greenpoint | K14*

BROADWAY & MUSICALS

Mehr als 40 Bühnen gibt es am Broadway, die Theaterstücke und ★ Musicals zeigen. Immer wieder kann man hier auch Hollywood-Stars sehen – und der Broadway boomt nach der pandemie-bedingten Pause wieder.

Der absolute Superhit ist ach wie vor das Hip-Hop-Musical „Hamilton", da-

für gelten schon dreistellige Ticketpreise als Schnäppchen. Aber die Auswahl ist riesig und einen spaßigen Abend wirst du überall haben, ob in Dauerbrennern wie „Chicago", „The Book of Mormon" oder „Wicked" oder Stücken für die ganze Familie wie „Aladdin" oder „König der Löwen".

Montags ist meist spielfrei, mittwochs, samstags und sonntags finden häufig Nachmittagsvorstellungen statt. Eine Programmübersicht gibt es online unter *broadway.com*, vergünstigte Tickets beispielsweise bei den Buden von *TKTS (tdf.org/nyc/7/TKTS-ticketbooths).*

38 ELLEN'S STARDUST DINER

Wenn du kein Ticket für den Broadway bekommen hast, aber trotzdem die großen Musical-Hits von echten Darstellern vorgesungen bekommen möchtest, dann ist Ellen's Stardust Diner die Rettung! Hier arbeiten viele Sänger, wenn sie gerade kein Engagement haben. Sie servieren dir Essen und schmettern zwischendurch ein Best-Of. Sehr laut und ziemlich lustig! *1650 Broadway | Tel. 1 212 9 56 51 51 | ellensstardustdiner.com | Subway 1 50 Street | Midtown | F7*

39 MARIE'S CRISIS CAFE

INSIDER-TIPP
Broadway-Karaoke

Schöner ist nur selber singen – und das geht am besten in dieser Bar, die seit den 1850er-Jahren am Start ist. Hier feiern die Broadway-Sänger nach der Arbeit. Und das artet meist in kollektives Singen rund ums Klavier aus. Miträllern ausdrücklich erwünscht! *59 Grove Street | Tel. 1 646 4 70 60 40 | Subway A, B, C, D, E, F, M West 4th Street-Washington Square | Greenwich Village | C12*

Weltberühmtes Lichtermeer im Herzen des Entertainments: der Broadway

CLUBS & LIVEMUSIK

40 ARLENE'S GROCERY

Junges Publikum, junge Bands – jede Stunde stehen andere Musiker auf der Bühne. Hier vibriert's, der Energielevel ist hoch und die Musik laut. *Eintritt $ 5–20 | 95 Stanton Street/Orchard Street | Tel. 1 212 3 58 16 33 | arlenes grocery.net | Subway F 2 Av. | Lower East Side | E14–15*

41 BARBÈS

Guter Jazz, osteuropäische Bläser, Weltmusik: Die charmante Location, dazu exzellente Livemusik, freier Eintritt und eine bunte Schar an Gästen jeden Alters machen dieses Juwel in Brooklyn bemerkenswert. Barbès ist Kult! *376 9th Street/6th Av. | Tel. 1 347 4 22 02 48 | barbesbrooklyn.com | Subway F, G 7 Av. | Brooklyn | K25*

42 THE BELL HOUSE

Einer der besten Clubs in New York: Livemusik, DJs, Ping-Pong-Wettbewerbe, Bingo und TV-Partys. Viele Events sind gratis, manche kosten $ 10, Konzerte können teurer sein. *149 7th Street | Tel. 1 718 6 43 65 10 | thebell houseny.com | Subway F, G 9 Street-4 Av. | Brooklyn | J24*

43 BOWERY BALLROOM

Aufstrebende und angesagte Indiebands, aber auch Altstars wie zum Beispiel Patti Smith stehen hier auf der Bühne. *Eintritt $ 15–50 | 6 Delancey Street/zw. Bowery und Chrystie Street | Tel. 1 212 5 33 21 11 | boweryballroom.com | Subway F Delancey Street | Lower East Side | D15*

44 BOWERY ELECTRIC

Dieser Club an der Bowery veranstaltet Rockkonzerte, an anderen Abenden legen DJs auf. Auf zwei Stockwerken finden sich außerdem drei Bars. *327 Bowery/2nd Street | Tel. 1 212 2 28 02 28 | mercuryeastpresents.com/venue/bowery-ballroom | Subway 6 Bleecker Street | East Village | D14*

45 GONZALEZ Y GONZALEZ

INSIDER-TIPP **Auf zum Hüften schwingen!**

Hier wird mexikanisch gegessen – und von Dienstag bis Sonntag karibisch getanzt: Salsa, Merengue, Reggaeton sorgen für heiße Nächte. *192 Mercer Street | Tel. 1 212 4 73 87 87 | gygnyc.com | Subway 6 Bleecker Street | Greenwich Village | D14*

46 HOUSE OF YES

INSIDER-TIPP **Keine Mischung ist so wie diese**

Schon mal Yoga bei Techno gemacht? Im House of Yes in Bushwick ist das nur der Anfang. Hier fliegen Artisten durch die Luft und es wird Burlesque getanzt. So ensteht der vielleicht außergewöhnlichste Mix aus, Restaurant, Bar, Garten und Veranstaltungen der Stadt. *Wechselnde Eintrittspreise | 2 Wykoff Av. | Tel. 1 646 8 38 49 37 | houseofyes.org | Subway L Jefferson Street | Bushwick | 0*

47 MARQUEE

Ob funky Housemusic, Hip-Hop oder Techno-Remixe, es groovt! *289 10th Av./26th Street | Tel. 1 646 4 73 02 02 |*

Erst mexikanisch essen, dann feurig tanzen: Gonzalez Y Gonzalez

marqueeny.com | Subway C, E 23 Street | Chelsea | C9

48 MERCURY LOUNGE

Hip! Hier sind Nachwuchsbands auf der Suche nach den großen Durchbruch. Entsprechend günstig sind die Tickets! Und vielleicht erlebst du hier den nächste Streaming-Star … *Eintritt $ 10–20 | 217 E Houston Street/Essex Street | Tel. 1 212 2 60 47 00 | mercuryloungenyc.com | Subway F 2nd Av. | Lower East Side | E14*

49 PIANOS

Statt in Konzertkarten kann man hier das Geld in Getränke investieren und der Livemusik umsonst oder für wenig Eintritt lauschen. *158 Ludlow Street | Tel. 1 212 5 05 37 33 | pianosnyc.com | Subway F 2nd Av. | Lower East Side | E15*

50 LE POISSON ROUGE ★

Ein Nachtclub für die Besten – von Lady Gaga bis David Byrne. Konzertereignisse zwischen Experiment, Klassik, Folk oder sogar Oper. *158 Bleecker Street | Tel. 1 212 5 05 34 74 | lepoissonrouge.com | Subway A–F, M W 4th Street | Greenwich Village | C13*

51 ROCKWOOD MUSIC HALL

Die verglaste Musikbar ist verhüllt mit roten Samtvorhängen, der Eintritt meist frei, die Musik gut und das Publikum sympathisch. Jeden Abend Livekonzerte – die Band darf nur nicht zu groß sein, sonst haben die Gäste keinen Platz. *196 Allen Street/ Houston Street | Tel. 1 212 4 77 41 55 | rockwoodmusichall.com | Subway F 2nd Av. | Lower East Side | E14*

INSIDER-TIPP
Kleine Location, ganz große Stimmung

52 ROUGH TRADE

INSIDER-TIPP
Konzerte im Plattenladen

Im Rockefeller Center befindet sich der LP- und CD-Shop des Plattenlabels Rough Trade. Da gibt es immer wieder Live-Events, viele umsonst. *30 Rockefeller Plaza | Tel. 1 212 6 64 11 10 | roughtrade.com | Subway L Bedford Av. | Williamsburg | J15*

53 S.O.B.'S

S.O.B. heißt „Sounds of Brazil". Hier kannst du dich bei karibischer und brasilianischer Musik, Salsa und Reggae austoben. *Eintritt $ 10–40 | 204 Varick Street/Houston Street | Tel. 1 212 2 43 49 40 | sobs.com | Subway 1 Houston Street | SoHo | C13*

54 UNION HALL

Ein Haus für alle: unten Karaoke, Comedy, Livemusik und DJs, oben Boccia spielen, am Kamin sitzen und in der Bibliothek schmökern. *702 Union Street/Nähe Fifth Av. | Tel. 1 718 6 38 44 00 | unionhallnyc.com | Subway R Union Street | Brooklyn | K24*

55 WARSAW CONCERTS

Einer der Hotspots für Rock, Indie und Punk. *Eintritt je nach Veranstaltung | 261 Driggs Av./Eckford Street | Tel. 1 212 7 77 68 00 | warsawconcerts.com | Subway L Lorimer Street | Brooklyn | L14*

56 PETE'S CANDY STORE

Einst war hier ein Süßwarenladen, heute ist es eine angenehme Livebar mit guten Preisen und fast jeden Abend Gratis-Lesungen oder -Konzerten auf kleiner Bühne. *709 Lorimer Street | Tel. 1 718 3 02 37 70 | petescandystore.com | Subway L Lorimer Street | Williamsburg | K15*

57 SOUL IN THE HORN

Leider hat die Geburtsstadt des Hip-Hop kaum Clubs zu bieten, die sich auf den Sprechgesang konzentrieren. Wer guten Hip-Hop hören möchte, muss sich deswegen nach Partyreihen umsehen. Schwer populär ist *Soul in the Horn (Zeiten und Orte: soulinthehorn.com)*, wo sich DJane Natasha Diggs Legenden und Neulinge live und auf den Plattenteller holt.

JAZZ & BLUES

58 ARTHUR'S TAVERN

Jede Nacht Livejazz und -blues im etwas altmodischen Nachtclub im West Village. Empfehlenswert, da nicht so

voll wie manche der bekannteren Clubs. *57 Grove Street/Nähe Seventh Av. | Tel. 1 212 4 14 43 14 | arthurstavern.nyc | Subway 1 Christopher Street | West Village | C12*

59 BLUE NOTE

Der berühmte Club mit den bekanntesten Musikern ist zwar überlaufen und oft teuer, aber die Musik ist genial. Reservierung nötig! *Eintritt $ 10–75 | 131 W 3rd Street/6th Av. | Tel. 1 212 4 75 85 92 | bluenotejazz.com | Subway A–F, M West 4th Street | Greenwich Village | C13*

60 BILL'S PLACE

Jazz an seinem Geburtsort in Harlem hören, das geht besonders gut bei Bill Saxton! Der gefeierte Saxofonist tritt freitags und samstags in seinem Wohnhaus mit kleiner Band vor rund 30 Menschen auf. Fast ein Privatkonzert – und das für nur $ 30! Bier und Wein darf man selbst mitbringen. *148 W 133rd Street | Tel. 1 212 2 81 07 77 | billsplaceharlem.com | Subway 2,3 135 Street | Harlem | 0*

61 NAMA

Die New Amsterdam Musical Association ist der älteste afro-amerikanische Musikverein des Landes – und viel hat sich seit der Gründung vor mehr als 100 Jahren nicht verändert. Jeder kennt hier jeden, Stammtisch mit Musik ist meist Montagabend und Gäste sind herzlich willkommen. *107 W 130th Street | Tel. 1 212 2 81 13 50 | namaharlem.org | Subway 2,3 125th Street | Harlem | 0*

62 DIZZY'S CLUB ★

Die Crème de la Crème des Jazz groovt im Club des Lincoln Center. *Eintritt $ 10–150 plus $ 21 Mindestverzehr |*

Tropen-Feeling, mit entsprechender Musik unterlegt: Der Rhythmus zählt im S.O.B's

33 W 60th Street/10 Columbus Circle, im Time Warner Center | Tel. 1 212 2 58 95 95 | jazz.org/dizzys | Subway A–D, 1 59 Street-Columbus Circle | Columbus Circle | 🕮 F6

63 KNICKERBOCKER BAR & GRILL

Erstklassiger Jazz, ganz gediegen: In der holzgetäfelten Bar mit Ledersesseln spielen ausgezeichnete Pianisten und Bassisten. *Livemusik Fr, Sa ab 21, ab 22.15 Uhr Eintritt $ 3,50 | 33 University Place/9th Street | Tel. 1 212 2 28 84 90 | knickerbockerbarandgrill.com | Subway 6 Astor Place | Greenwich Village | 🕮 D12*

64 KNITTING FACTORY

Hier wird nicht nur Avantgarde- oder traditioneller Jazz gespielt, sondern auch alternativer Rock und Pop. Außerdem gibt es Comedy-Abende oder Brunch mit Dragqueens. Der legendäre Club ist längst Entertainment-Unternehmen mit Plattenlabels und Filialen in ganz USA. *Eintritt $ 5–20 | 361 Metropolitan Av. | Tel. 1 347 5 29 66 96 | bk.knittingfactory.com | Subway L Bedford Av. | Brooklyn | 🕮 K16*

65 MINTON'S PLAYHOUSE

Hier spielten schon Giganten wie Charlie Parker, Thelonious Monk und Dizzy Gillespie – das ultimative New-York-(Jazz-)Erlebnis! *Livemusik Mi–So | 206 W 118 Street | Tel. 1 212 8 66 12 62 | mintonsharlem.com | Subway B, C 116 Street | Harlem | 🕮 0*

Höchste Töne von wahren Könnern des Jazz: Village Vanguard

66 PARLOR ENTERTAINMENT

Sonntags lädt Marjorie Eliot, eine alte Dame und Jazzpianistin, um 16 Uhr zum Jazzkonzert in ihr Wohnzimmer.

Einst ein Geheimtipp, hat sich Madame Marjorie's Hauskonzert inzwischen herumgesprochen und die kleine Wohnung wird schnell voll. *Kein Eintritt, freiwillige Spende | 555 Edgecombe Av./160th Street, Apt. 3F | Tel. 1212 7816595 | Subway C 163 Street | Washington Heights | 0*

67 SMALL'S

Da sage mal einer, im Keller sei nichts los: Bis 4 Uhr früh wird hier hervorragender Jazz im *basement* gespielt – deshalb ist es oft voll, aber immer gut! *Eintritt $ 25 | 183 W 10th Street/7th Av. | Tel. 164 64764346 | smallslive.com | Subway 1 Christopher Street | West Village | C12*

68 THE VILLAGE VANGUARD

Der angesehenste Jazzclub der Stadt mit erstklassigen Interpreten hat auch die beste Akustik. *Eintritt $ 30–40 plus ein Drink | 178 S 7th Av./11th Street | Tel. 1212 2554037 | villagevanguard.com | Subway 1–3 14 Street | Greenwich Village | C12*

KINO & FILM

69 ANGELIKA FILM CENTER

Gemütliches Kino mit großartiger Filmauswahl, beliebt bei den Studenten der nahegelegenen New York University. *18 W Houston Street | Tel. 1212 9952570 | www.angelikafilmcenter.com | Subway B, D, F, M Broadway-Lafayette Street | NoHo | D14*

70 IFC CENTER

Art-House-Theater mit drei Sälen in einer früheren Kirche in Greenwich Village. Gehört zu AMC Networks, die es als Verlängerung ihres Independent Film Channels (IFC) sehen. Dementsprechend schräg und weit weg vom Mainstream ist das Angebot. *323 6th Av. | ifccenter.com | Subway A, B, C, D, E, F, M West 4th Street/Washington Square | Greenwich Village | C13*

KONZERT

An jedem beliebigen Abend ist die Konzertauswahl in New York überwältigend groß und die Qualität fast immer hoch – leider sind häufig auch den Ticketpreisen keine Grenzen gesetzt. Viele New Yorker Musikliebhaber freuen sich deswegen auf den Sommer, wenn sie mit Picknickkorb und Decke eine ganze Reihe an kostenlosen Konzerten unter freiem Himmel genießen können. Die Philharmoniker und die Metropolitan Oper geben beispielsweise Konzerte in den Parks der Stadt, oft mit anschließendem Feuerwerk – immer ein wunderbares Spektakel *(nyphil.org/parks)*! Und auch im Innenhof des *Lincoln Center (lincolncenter.org)* und auf der *Summer Stage (summerstage.org, s. S. 123)* in den Parks der Stadt gibt es im Sommer fast jeden Abend Konzerte und Veranstaltungen.

INSIDER-TIPP
Klassik unter den Sternen

71 BARCLAYS CENTER

Neben den Basketballprofis der Brooklyn Nets spielen in der riesigen Multizweck-Arena in Brooklyn Superstars von Iron Maiden bis Ed Sheeran vor maximal 19000 Zuschauern.

Kathedrale der Kultur: Die weltbekannte Met residiert im Lincoln Center

620 Atlantic Av. | Tel. 1 917 6 18 61 00 | barclayscenter.com | Subway B, D, N, Q, R, 2, 3, 4, 5 Atlantic Av.-Barclays Center | Brooklyn | L23

72 BARGEMUSIC

Dieser Konzertsaal ist etwas ganz Besonderes: Geboten wird Kammermusik mit (nächtlichem) Manhattan-Blick – auf einem Schiff, das angedockt in Brooklyn liegt. *Do–Sa 20, So 16 Uhr | Fulton Ferry Landing | Eintritt $ 35–40, manchmal auch umsonst | Tel. 1 718 6 24 49 24 | bargemusic.org | Subway 2, 3 Clark Street | Brooklyn | D18*

73 CARNEGIE HALL

„Wie komme ich zur Carnegie Hall?" soll der Violinist Jascha Heifetz einmal auf der Straße gefragt worden sein. Seine kurze Antwort: „Üben!" In der berühmten Konzerthalle spielen nur die Besten der Besten – berühmte Orchester, Solisten und Promi-Musiker aus aller Welt. Wegen der Akustik wird die Carnegie Hall zudem für Aufnahmen genutzt. Auch Backstagetouren. *57th Street/7th Av. | Tel. 1 212 2 47 78 00 | carnegiehall.org | Subway N, R 57 Street | Midtown | F6*

74 DAVID GEFFEN HALL ★

Hier spielen die berühmten New Yorker Philharmoniker. Der Entertainment-Mogul David Geffen spendete $ 100 Mio., damit die frisch renovierte Konzerthalle seinen Namen trägt. *10 Lincoln Center/62nd Street | Tel. 1 212 8 75 59 00 | nyphil.org | Subway 1 66 Street | Lincoln Square | F5*

75 PARK AVENUE ARMORY

Das Kulturzentrum in einer Eisenkonstruktion von 1881 ist beeindruckend groß und perfekt für originelle Performances, Konzerte und Kunstausstellungen. Sogar ein Rummel mit Riesenrad kam hier schon unter! *643 Park Av./zw. 66 u. 67. Street. | Tel. 1212 6163930 | armoryonpark.org | Subway 4, 5, 6 68 Street | Lenox Hill | ◫ H6*

OPER & BALLETT

New Yorks großes Opernhaus ist die *Metropolitan Opera*. Die Met ist eine Legende, alle Stars von Weltruf wollen auf die Bühne im Lincoln Center.

Im Ballett herrscht dagegen Rivalität: Das prominentere *American Ballet Theatre (ABT, abt.org)* tritt gegen das *New York City Ballet (nycballet.com)* an, das eher unbekannteren Künstlern eine Chance gibt.

76 CITY CENTER ★

Möglichst viele Menschen ins Theater zu locken, darin sieht das City Center seine Hauptaufgabe. Entsprechend breit und abwechslungsreich ist die Palette, von Tanztheater über Musicals bis zum Schauspiel. *131 W 55th Street/zw. 6th und 7th Av. | Tel. 1212 5811212 | nycitycenter.org | Subway N, R 57 Street | Midtown | ◫ F7*

77 DAVID H. KOCH THEATER

Das Gebäude aus den 1960er-Jahren stammt vom berühmten Architekten Philip Johnson, der auch in Berlin arbeitete. Hier tanzen die beiden bekanntesten Ballett-Truppen der Stadt. *20 Lincoln Center/62nd Street | Tel. 1212 4960600 | davidhkochtheater.com | Subway 1 66 Street | Lincoln Square | ◫ F5*

78 THE JOYCE THEATER

Tanz-Truppen aus der ganzen Welt zeigen hier ihre Choreografien auf der Bühne. *175 8th Av./19th Street | Tel. 1212 6919740 | joyce.org | Subway 1 18 Street | Chelsea | ◫ C10*

79 METROPOLITAN OPERA ★

In einem der berühmtesten Opernhäuser der Welt, gegründet 1883 von einer Gruppe Millionäre, stehen die absoluten Superstars der Klassikwelt auf der Bühne. *30 Lincoln Center/62nd–66th Street | Tel. 1212 3626000 | metopera.org | Subway 1 66 Street | Lincoln Square | ◫ E5*

Wiege der afroamerikanischen Kultur: Erinnerung an große Stars im Apollo Theater

80 NYU TISCH SCHOOL OF THE ARTS

Hier darf der erstklassige Nachwuchs ran – und dabei zuzuschauen, macht richtig viel Spaß! *111 2nd Av., 3. Stock | tisch.nyu.edu/dance/second-avenue-dance-company | Subway F 2 Av. | East Village | D13*

THEATER & OFF-BROADWAY

81 APOLLO THEATER

Das Theater in Harlem aus dem Jahr 1914 ist Zentrum der afro-amerikanischen Kultur der Stadt und bietet Veranstaltungen und Konzerte aller Art. Immer mittwochs gibt es eine Castingshow für Leute, die echt was aushalten können: Musiker und Tänzer, Comedians oder Rapper stellen sich dem Publikumsapplaus – oder den Buh-Rufen! Großartig ist auch eine Tour hinter die Kulissen mit Billy Mitchell, der hier vor mehr als 50 Jahren als Laufbote anfing und nun Haus-Historiker und „Mr. Apollo" ist. *253 W 125th Street | Tel. 1 212 5 31 53 00 | apollotheater.org | Subway 2, 3 125 Street | Harlem | 0*

INSIDER-TIPP
Harlem sucht den Superstar

82 BLUE MAN GROUP

Die berühmte Show nimmt seit fast drei Jahrzehnten in wechselnden Inszenierungen die Kunstszene auf die Schippe. *434 Lafayette Street, im Astor Place Theatre | Tel. 1 800 2 58 36 26 | blueman.com/new-york | Subway 6 Astor Place | NoHo | D13).*

83 BROOKLYN ACADEMY OF MUSIC ★

Theater- und Performancebühne: Der Komponist Philip Glass, der Theaterregisseur Robert Wilson und die Musikerin und Performancekünstlerin Laurie Anderson inszenierten schon für das Haus, zu dem mehrere Theater- und Performancebühnen und auch ein Kino gehören. *30 Lafayette Av./zw. Felix Street u. Ashland Place | Tel. 1 718 6 36 41 00 | bam.org | Subway 2–5, B, D, Q Atlantic Av.-Barclays Center | Brooklyn | 🕮 L22*

84 THE PUBLIC THEATER & JOE'S PUB

Auf verschiedenen Bühnen kannst du hier zeitgenössische Stücke sehen. Und wenn dir mehr der Sinn nach Mitwippen steht: Im exzellent kuratierten Livemusik-Restaurant *Joe's Pub (joes pub.com)* treten Soul-Ladys wie Alicia Keys oder Joss Stone auf. *425 Lafayette Street/Astor Place | Tel. 1 212 5 39 85 00 | publictheater.org | Subway 6 Astor Place | NoHo | 🕮 D13*

85 THE KITCHEN

Zentrum für Musik, Performance, Tanz- und Videokunst, dazu Literaturevents, Künstlergespräche und Lesungen – wichtig, innovativ, spannend. *512 W 19th Street/zw. 10th u. 11th Av. | Tel. 1 212 2 55 57 93 | thekitchen.org | Subway C, E 23 Street | Chelsea | 🕮 B10*

86 NUYORICAN POETS CAFÉ

Die Tatsache, dass viele Puerto Ricaner nach New York eingewandert sind, hat die Stadt für immer verändert – vor allem dank der vielen progressiven Künstler, die die Stimmen des karibischen US-Außengebiets aufs Festland brachten. Zwei von ihnen gründeten dieses Café in den 1970er-Jahren. Hier kannst du eintauchen in die *spoken word*- und *poetry*-Nächte der Nuyoricans. *236 E 3rd Street | Tel. 1 212 7 80 93 86 | nuyorican.org | Subway J, M, Z Essex Street | Lower East Side | 🕮 F14*

87 CENTRAL PARK SUMMER STAGE

Im Juli und August bietet die Central Park Summerstage kostenlose Open-Air-Konzerte. *Rumsey Playfield, Höhe 72nd Street | summerstage.org | Subway 6 68 Street-Hunter College | Central Park | 🕮 H5*

88 COMEDY CELLAR

Der Klassiker unter den vielen guten Comedy Clubs in der Stadt. Hier traten viele der Stars der Branche schon auf als sie noch völlig unbekannt waren. Und wenn du Glück hast, schauen sie genau dann, wenn du da bist, noch einmal vorbei. *117 MacDougal Street | Tel. 1 212 2 54 34 80 | comedycellar.com | Subway A, B, C, D, E, F, M W 4 Street-Washington Square | Greenwich Village | 🕮 C13*

89 LATE NIGHT TALK SHOWS

Theoretisch sind die Tickets für die vielen Late Night Talk Shows, die in der Stadt aufgezeichnet werden, gratis. Praktisch sind sie extrem beliebt und daher schwer zu ergattern. Für *Saturday Night Live* zum Beispiel muss man im August (!) eine E-Mail mit seinen Kontaktinfos an *snltickets@nbcuni.com* schicken und dann auf Losglück hoffen. Für *The Tonight Show with Jimmy Fallon (short.travel/new 14)* kann man's entweder online versuchen oder morgens um 9 Uhr am Eingang des *Rockefeller Center (49th Street)* auf Standby-Tickets hoffen. Mehr Glück hat man häufig bei Shows aus der zweiten Reihe wie *Late Night with Seth Meyers (short.travel/new15)*, für die es online oft noch Karten gibt.

AKTIV & ENTSPANNT

Traumkulisse in goldenem Licht: Brooklyn Bridge Park

SPORT, SPASS & WELLNESS

YOGA

Viele New Yorker praktizieren Yoga als Ausgleich zu ihrem hektischen Alltag. Besonders einfach und kostenlos geht das zwischen Mai und Oktober in vielen *New Yorker Parks (z. B.: brooklyn bridgepark.org/activities/fitness | bryant park.org/programs/yoga | socratessculp turepark.org/programs/all).* Cobra und Krieger zwischen Wolkenkratzern im Großstadtdschungel – ein ganz besonderes Erlebnis!

MORNING WORKOUTS

Wenn du Frühaufsteher bist und dich auspowern willst, dann triff dich in der Stadt, die niemals schläft, mit Gleichgesinnten zum Workout im Morgengrauen. Die Kurse finden unter freiem Himmel statt und sind gratis *(therise nyc.org | november-project.com/new-york-ny).* Auch die Stadtverwaltung bietet kostenlose Kurse an: *nycgovparks.org/programs/recreation/shape-up-nyc*

VÖGEL BEOBACHTEN

Birding Bob (birdingbob.com) bietet mehrmals pro Woche gegen eine Spende von $10 pro Person Bird-Watching-Touren im Central Park an – oder wie der Experte selber sagt: „Comedy-Shows mit ein bisschen Vogelbeobachtung".

SPORTSTUDIOS

Das gigantische Sportcenter ☂ *Chelsea Piers (Öffnungszeiten s. Website | Tageskarte $ 60 | chelseapiers.com | C, E, 1, N, M, F, R or 6 to 23rd Street | 🕮 B9)* auf Höhe 23rd Street hat ein riesiges Angebot: Klettern? Bowlen? Tennis? Baseball? Oder Entspannung beim Pilates?

JOGGEN

Die Königsrunde der New Yorker Läufer geht einmal rund um den Central Park – fast 10 km! Kürzer und mit Traumaussicht läufst du um das *Jacqueline Kennedy Onassis Reservoir* mitten im Park. Aber auch im *Prospect*

Fit in den Frühling: Jogger im Central Park

Park oder entlang der Westseite von Manhattan kannst du wunderbar joggen. Fortgeschrittene melden sich bei den *New York Road Runners (nyrr.org)* für Wettbewerbe an.

KAJAKFAHREN

INSIDER-TIPP
Um den Big Apple paddeln

Der Hudson River im Westen und der East River im Osten umfließen Manhattan – und auf beiden kannst kostenlos paddeln gehen *(Mai–Okt.)*! Die besten Blicke auf Manhattan vom Wasser aus gibt es gratis dazu. *downtownboathouse.org; licboathouse.org; bbpboathouse.org*

SCHWIMMEN

Es ist Sommer und du suchst nach Abkühlung? In New York gibt es Dutzende öffentliche Freibäder und der Eintritt ist überall frei *(Übersicht: short.travel/new7)*. Nicht vergessen: ein kleines Vorhängeschloss für den Spind, sonst lassen dich die meist sehr strengen Aufpasser nicht rein.

AUF INS STADION!

Baseball, Basketball, Football – mindestens einmal solltest du in New York ein Stadion besuchen. Beim Baseball schlagen die *Yankees (mlb.com/yankees)* im Yankee Stadium in der Bronx und die *Mets (newyorkmets.com)* im Citi Field Stadium in Queens die Bälle *(April–Sept.)*. Basketballfans sind bei den *Knicks (Nov.–Mai | nba.com/knicks)* im Madison Square Garden oder bei den *Brooklyn Nets (nba.com/nets)* im Barclays Center richtig. Und im Metlife Stadium in Meadowlands in New Jersey rangeln die Footballspieler der *Jets (newyorkjets.com)* und *Giants (giants.com)* um den Ball *(Sept.–Dez.)*. Auch das Eishockey-Team der *Rangers (nhl.com/rangers)* und die Fußballer der *Red Bulls (newyorkredbulls.com)* und des *New York City FC (nycfc.com)* haben viele Fans.

FESTE & EVENTS

JANUAR/FEBRUAR

Chinese New Year *(short.travel/new21)*: Paraden und Feuerwerk zum chinesischen Neujahrsfest vor allem in Chinatown

New York Fashion Week *(nyfw.com)*: Die Frühjahrsausgabe der Modewoche lockt Fashionistas in die Stadt.

MÄRZ/APRIL

St Patrick's Day *(nycstpatricksparade.org)*: Der irische Nationalheilige wird jedes Jahr am 17. März mit einer Parade auf der Fifth Avenue (und sehr viel Guinness in den Kneipen) geehrt.

Easter Parade *(short.travel/new19)*: In Kostümen und mit fantasievollen Hutkreationen ziehen am Ostersonntag die Teilnehmer der Parade über die Fifth Avenue.

MAI

Great Saunter *(shorewalkers.org/great-saunter)*: einmal um Manhattan zu Fuß

Five Boro Bike Tour *(short.travel/new20)*: mit dem (Leih-)Fahrrad durch alle fünf Stadtteile strampeln

JUNI

TriBeCa Festival *(tribecafilm.com)*: Hollywood-Star Robert De Niro hat dieses spannende Festival im Südwesten Manhattans mitgegründet.

Museum Mile Festival *(short.travel/new22)*: Zahlreiche Museen auf der Fifth Avenue bieten einen Abend lang freien Eintritt, dazu wird die Straße zur Partymeile.

Pride Parade *(nycpride.org)*: Die LGBTQ-Community flaniert am Christopher Street Day in fantasievollen Kostümen durch die Stadt und feiert.

JULI

Independence Day: Zum Unabhängigkeitstag der USA am 4. Juli gibt es das größte Feuerwerk, entweder über dem East oder dem Hudson River.

Im patriotischen Farbenrausch: Feuerwerk am 4. Juli, dem Independence Day

AUGUST

Summer Streets *(nyc.gov/summer streets)*: An drei Samstagen im August sperrt die Stadt mehr als zehn Kilometer der großen Avenues für Autos.

SEPTEMBER

11. September: Gedenken an die Anschläge auf das World Trade Center 2001

Steuben Day Parade *(germanparade nyc.org)*: Zu Ehren des preußischen Generals Friedrich Wilhelm von Steuben ziehen deutschstämmige Amerikaner über die Fifth Avenue.

San Gennaro *(sangennaro.nyc)*: Little Italy wird für den Schutzheiligen von Neapel zur Party- und Futtermeile.

New York Fashion Week *(nyfw.com)*: die Herbstausgabe der Modewoche

UN-Vollversammlung *(un.org/en/ga)*: Generaldebatte der Vereinten Nationen mit Staats- und Regierungschefs aus aller Welt

New York Film Festival *(filmlinc.org)*

OKTOBER

Halloween *(halloween-nyc.com)*: *Trick or treat* – und eine Gruselparade durchs Greenwich Village

NOVEMBER

New York Marathon *(nyrr.org/tcsnyc marathon)*

Thanksgiving Day Parade *(macys. com/social/parade)*: Die Parade zieht von Central Park West und 77th Street bis zum Kaufhaus Macy's.

Rockefeller Tree Lighting *(rockefeller center.com)*: Die Weihnachtszeit beginnt mit dem Anzünden der Lichter am größten Baum der Stadt.

DEZEMBER

Park Avenue Christmas Tree Lighting *(short.travel/new23)*: weniger Lichter, aber stimmungsvoll

Silvesterparty am Times Square *(short.travel/new24)*: Musikstars, *ball drop*, Konfetti – ein Riesenspektakel

SCHÖNER SCHLAFEN

IN DER STADT DER BÜCHER

Kurt Thometz ist Privatbibliothekar und hat die Regale der Reichen und Schönen der Stadt mit Büchern gefüllt. Mit mehr als 15 000 Bänden lebt er in einem alten *brownstone* in Sugar Hill *(426 W 160th Street | Tel. 1 212 928 95 25 | de.airbnb.com/rooms/71010 | Subway A, C 163 Street | €€ | 🕮 0)*. Sein früherer Buchladen im Untergeschoss ist stilvoll als Wohnung für fünf Personen eingerichtet und immer noch voller Bücher.

SCHLAFEN MIT STAR-POWER

Modern, edel, geschmackvoll, so lässt sich das Ambiente im *Greenwich Hotel (75 Zi., 13 Suiten | 377 Greenwich Street | Tel. 1 212 941 89 00 | thegreenwichhotel.com | Subway 1 Franklin Street | €€€ | 🕮 B15)* beschreiben. Kein Wunder, es ist ja auch Robert De Niro, der hier mit viel Gespür fürs Detail ein elegantes Hotel in TriBeCa betreibt.

HOTELBETT AHOI!

Ursprünglich war das *Jane (211 Zi. | 113 Jane Street | Tel. 1 212 924 6700 | thejanenyc.com | Subway A, C, E, L 14 Street | € | 🕮 B4)* ein Hotel für Seeleute. 1912 wurden hier die Überlebenden des Titanic-Untergangs vorerst untergebracht. Die kleinen Räume gleichen gemütlichen Kojen.

INSIDER-TIPP
Ab in die Koje!

INSEL-GLAMPING

Im Sommer kannst du bei *Collective Governors Island (collectiveretreats.com/retreat/collective-governors-island | €€ | 🕮 D–E21–22)* zelten – aber in schick! Mit richtig gemütlichen Betten, einem schönen Restaurant und abends Lagerfeuer mit Blick von der Insel auf die Freiheitsstatue.

FABRIK-SCHICK

In Queens steht mit der *Paper Factory (123 Zi. | 36 Street 37-06 | Tel. 1 718*

Mitten drin im New York Groove: das Standard Hotel

3 92 72 00 | short.travel/new25 | Subway M, R 36 Street | €€ | 🕮 0) eins der coolsten Hotels der Stadt: Zwischen Vintage-Mopeds, einem Riesenturm aus Büchern, schweren Holzmöbeln und Ledersofas schläfst du in einer ehemaligen Papierfabrik. Naturgemäß ist daher viel Platz, es gibt eine Dachterrasse, und die U-Bahn ist gleich um die Ecke – nach Manhattan sind es nur zwei Stationen.

INSIDER-TIPP
Schlafen, wo andere arbeiteten

HOCH ÜBER DER HIGH LINE

Das *Standard Hotel (337 Zi. | 848 Washington Street | Tel. 1 212 6 45 46 46 | short.travel/new16 | Subway A, C, E 14 Street | €€€ | 🕮 B11)* steht quasi breitbeinig über dem High Line Park und bietet Hudson-Blick und cooles Design im hippen Meatpacking District. Auf dem Dach trifft man sich zum Cocktail im *Le Bain*.

SCHLUMMERN ZU JAZZ-KLÄNGEN

Das elegante *Sankofa Aban Bed & Breakfast (6 Zi. | 107 Macon Street | Tel. 1 917 7 04 92 37 | sankofaaban.com | Subway A, C Nostrand Av. | €€ | 🕮 P23)* liegt in einem 1880 gebauten *brownstone* in Bedford-Stuyvesant in Brooklyn. Die Besitzer haben alles liebevoll renoviert und eingerichtet.

IT'S FUN TO STAY AT THE YMCA!

Was die Village People einst sangen, gilt in New York heute immer noch: Im YMCA zu übernachten macht Spaß! Die Zimmer sind einfach, aber günstig, dazu gibt es oft Fitnessstudios und Pools. Viele YMCA-Filialen in der Stadt bieten Zimmer, zum Beispiel das zentral gelegene *West Side YMCA (370 Betten | 5 W 63rd Street | Tel. 1 212 9 12 26 00 | www.ymcanyc.org/locations/west-side-ymca/guest-rooms | Subway 1 ABCD 59 St-Columbus Circle | € | 🕮 F5)*.

ERLEBNIS TOUREN

Lust, die einzigartigen Facetten der Stadt zu entdecken? Dann sind die Erlebnistouren genau das Richtige für dich! Ganz einfach wird es mit der MARCO POLO Touren-App: Die Tour über den QR-Code aufs Smartphone laden – und auch offline die perfekte Orientierung haben.

Buntes Gewusel: Am Times Square werden alle Sinne gefordert

Einfach QR-Code scannen und alle Karten & Infos zu unseren Touren auch unterwegs parat haben!

go.marcopolo.de/new

DIE ERLEBNISTOUREN IM ÜBERBLICK

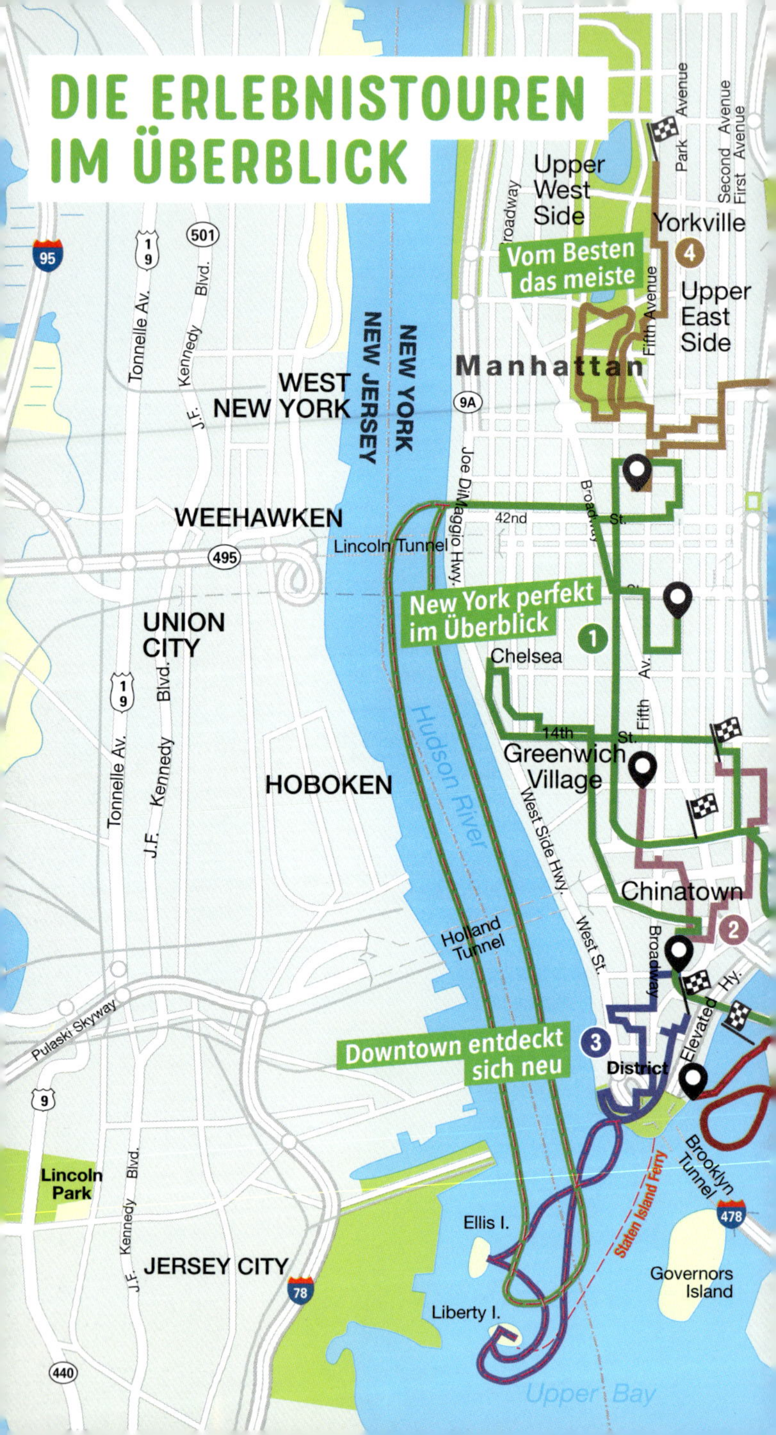

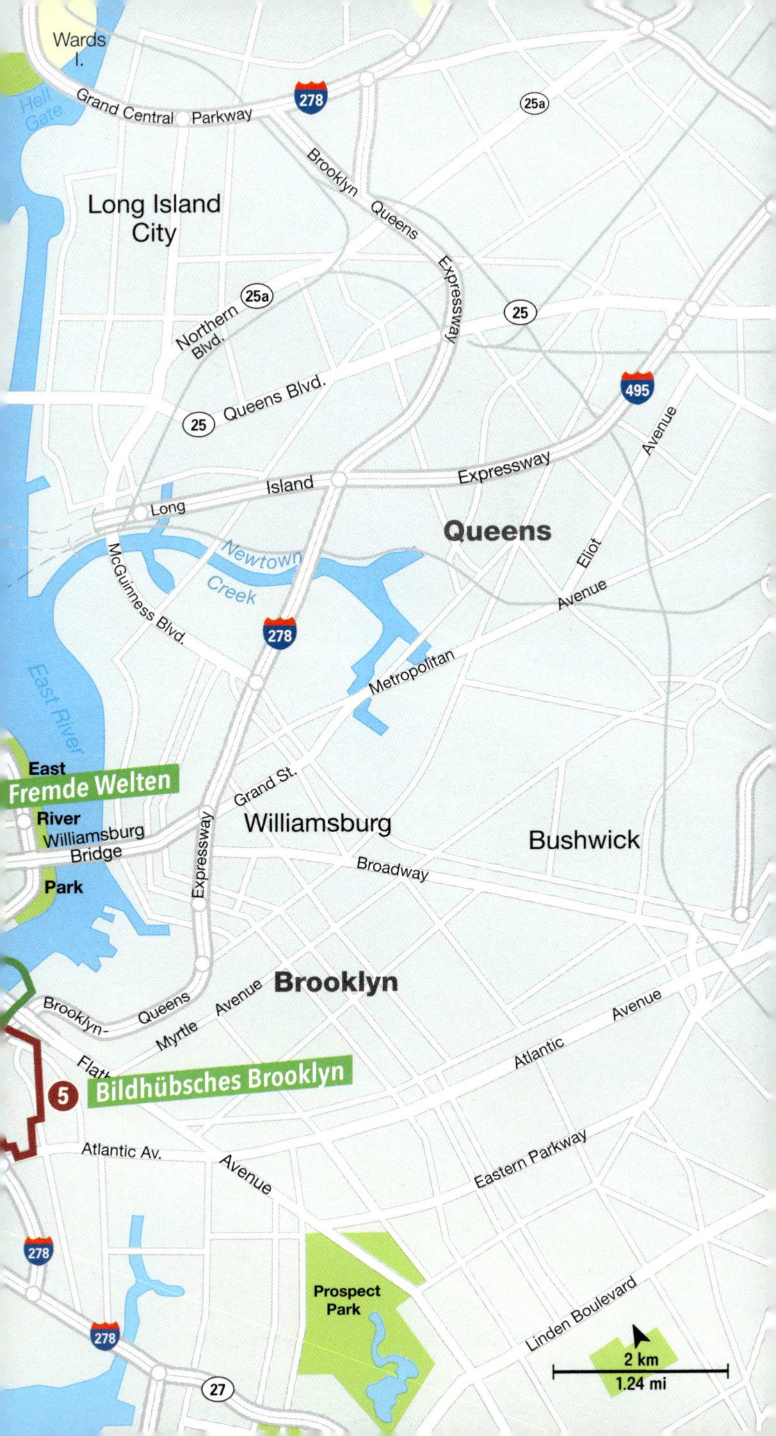

Wards I.
Hell Gate
Grand Central Parkway
278
25a
Brooklyn Queens Expressway
Long Island City
25a
Northern Blvd.
25
Queens Blvd.
25
495
Avenue
Long Island Expressway
Queens
Newtown Creek
McGuinness Blvd.
Eliot Avenue
278
Metropolitan
East River
East River Park
Fremde Welten
Grand St.
Williamsburg
Williamsburg Bridge
Expressway
Broadway
Bushwick
Brooklyn
Brooklyn-Queens
Myrtle Avenue
Atlantic Avenue
Flatb
5
Bildhübsches Brooklyn
Atlantic Av.
Avenue
Eastern Parkway
278
278
Prospect Park
Linden Boulevard
2 km
1.24 mi
27

❶ NEW YORK PERFEKT IM ÜBERBLICK

- ➤ Erst einmal ankommen und das Allerwichtigste sehen – los geht's!
- ➤ Traumhafte Blicke auf die Stadt genießen
- ➤ Kraft tanken mit New Yorker Köstlichkeiten

Felix Roasting Co.

Rockwood Music Hall

30 km

1 Tag, reine Fahr-/Gehzeit 3,5 Stunden

Kauf für die Subway eine Wochenkarte (Metrocard: $ 33). Das Speedboat „The Beast" fährt nur von Mai bis Ende September.

❶ Felix Roasting Co.

ENERGIE TANKEN À LA BIG APPLE

Wegen der Zeitverschiebung wirst du in New York wahrscheinlich erst einmal mit großem Appetit aufwachen. In einem der schönsten Cafés der Stadt, dem **❶ Felix Roasting Co.** *(tgl. 8-19 Uhr | 450 Park Av. S | felixroastingco.com | Subway 6 33rd Street)*, gibt es leckere Teilchen und sehr guten Kaffee, der dich garantiert auf die Beine bringt und fit macht für den Tag. Energiegeladen *läufst du von dort Richtung Süden auf der Fifth Avenue, zu einem New Yorker Wahrzeichen, dem Flatiron Buliding (an der 23rd Street),* das aussieht wie ein aufgestelltes Bügeleisen. Zeit für die ersten Instagram-Shots des Tages. Der nahe **❷ Madison Square Park** *(madisonsquarepark.org)* mit seinen modernen Skulpturen *liegt an der Avenue zwischen der 23rd und 26th Street.*

❷ Madison Square Park

❸ Empire State Building

TADAAAAA! DIE STADT VON OBEN

Danach geht es wieder Richtung Norden - zum **❸ Empire State Building** ➤ S. 44 *an der 34th Street. Pfeilschnell katapultieren dich die Hochgeschwindigkeits-Fahrstühle zur Plattform im 86. Stockwerk,* wo du beim Anblick der Stadt von oben erstmal Atem holen musst.

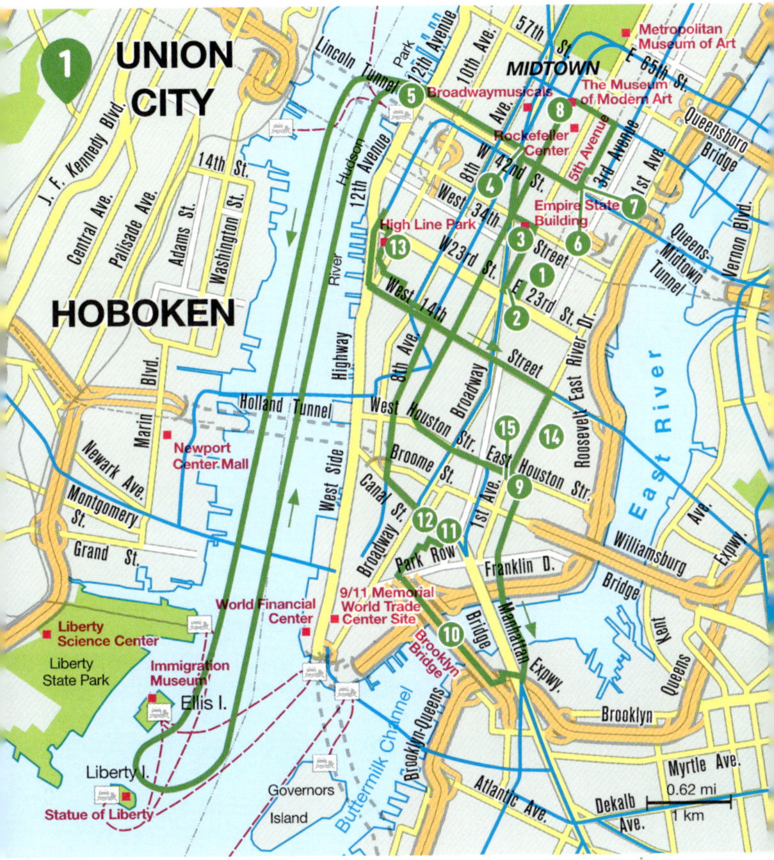

RASEND RICHTUNG FREIHEITSSTATUE

In Richtung 42nd Street liegt der ❹ **Times Square** ➤ S. 49. Die bunte Lichterwelt der Werbung kämpft um Aufmerksamkeit – leg also am besten auf den Stühlen und Stufen des verkehrsberuhigten Platzes ein Päuschen ein. Aber nicht zu lange, denn es wartet Action: „The Beast", die „Bestie", nennt sich das Speedboat der ❺ **Circle Line Sightseeing Cruises** ➤ S. 159, *dessen Liegeplatz am Hudson (Pier 83, West 42nd Street) du nach einem 20-minütigen Spaziergang erreichst.* Eine halbe Stunde rast das Boot Richtung Downtown, an der Freiheitsstatue ➤ S. 34 vorbei und wieder zurück.

❹ Times Square

❺ Circle Line Sightseeing Cruises

❻ Grand Central Terminal

❼ Grand Central Dining Concourse

❽ Museum of Modern Art

EINE ZIEGE IM MUSEUM

Voller Adrenalin geht es zurück an den Times Square, und von dort per S-Train zum wunderschönen ❻ Grand Central Terminal ➤ S. 46. *Von der Empore* lohnt ein Blick auf die wuselnden Menschenmassen, die zu den Zügen hasten. Hunger? Im ❼ Grand Central Dining Concourse *im Untergeschoss* liegen drei Dutzend Snack-Alternativen aus aller Herren Länder. *Draußen spazierst du auf der Park Avenue – im Schatten teurer Apartmenthäuser – weiter bis zur 53rd Street, wo du nach links zum* ❽ Museum of Modern Art ➤ S. 50 *abbiegst.* Im hübschen Skulpturengarten kannst du Picassos Ziege aus Bronze unter freiem Himmel Gesellschaft leisten.

INSIDER-TIPP
Wo Picasso seine Ziege parkte

UND JETZT: EIN RIESENSANDWICH!

Spätestens jetzt hast du wahrscheinlich jede Menge Appetit – also wird es Zeit für einen weiteren NY-Klassiker! *Nimm die Subway zur Lower East Side (M-Train auf der 53rd Street bis 2nd Avenue), nur ein paar*

Unvergesslicher Spaziergang: über die Brooklyn Bridge nach Manhattan

Schritte sind es jetzt von hier zur Houston Street zum berühmten ⑨ Katz's Delicatessen ➤ S. 139, 79 mit seinem typischen, deftigen Pastrami-Riesensandwich.

Wolkenkratzer, wie Frank Gehry sie sieht: der Tower 8 Spruce Street

SKYLINE-SPAZIERGANG

Von dort springst du in die Subway nach Brooklyn (Haltestelle York Street), um den Bummel über die ⑩ Brooklyn Bridge ➤ S. 30 zu starten. Es ist nämlich spannender, auf die Skyline von Manhattan zuzulaufen als andersherum! Das Frank-Gehry-Gebäude, der Tower 8 Spruce Street, glitzert einladend am Ende der Brücke, die Freiheitsstatue scheint zu winken, und Schiffe und Fähren jeder Größe tuckern unter der Brücke hindurch.

AUF KURZEM WEG NACH CHINA

Der anschließende Spaziergang durch ⑪ Chinatown ➤ S. 36 ist eine Reise auf einen eigenen Planeten innerhalb New Yorks. Genieße die interessanten Gerüche, das Getümmel, die Geräusche und wirf einen Blick in die Restaurants, Lebensmittelläden, Krimskrams-Shops und auf die zahllosen Schilder mit Schriftzeichen. An der ⑫ Canal Street ➤ S. 38 findest du Handtaschen, Brillen und Schmuck. Jetzt ist Handeln und Feilschen gefragt! Halte auch Ausschau nach chinesischen *Massagen*, die überall angeboten werden. Trau dich und lass dir den Rücken und die müden Füße ordentlich durchkneten, das hast du dir verdient!

RELAXEN ÜBER DEN STRASSEN

Nimm danach die Subway an der Canal Street und fahre bis zur 14th Street. Hier findest du den charmanten ⑬ High Line Park ➤ S. 42 auf einer ehemaligen Hochbahntrasse. Die alten Schienen sind teils erhalten, dazwischen wachsen heimische Gräser und es laden Holz-

⑨ Katz's Delicatessen

⑩ Brooklyn Bridge

⑪ Chinatown

⑫ Canal Street

⑬ High Line Park

liegen zum Relaxen ein. Tolle Aussicht über das hübsche Viertel Greenwich Village mit seinen alten *brownstone*-Häusern – auf der anderen Seite der Hudson River und New Jersey.

⓮ Café Mogador

FERNÖSTLICH SCHLEMMEN

Winke ein Taxi heran und düse ins East Village zum ⓮ Café Mogador *(Mo–Do 10–23, Fr 10–24, Sa 9.30–24, So 9.30–23 Uhr | 101 St Marks Place | cafemogador.com)*: Köstlichste marokkanische Kreationen und ein hippes Publikum um dich herum sind ein guter Start in deinen New Yorker Abend.

⓯ Rockwood Music Hall

AMERIKANISCH ROCKEN

Noch Energie? *Gehe ein paar Blocks Richtung Süden zur* ⓯ Rockwood Music Hall ➤ S. 115. In kleinen Clubs wie diesem spielen eher unbekannte Talente. Also genau die richtige intime Atmosphäre, um einen Absacker bei guter Musik zu trinken.

❷ FREMDE WELTEN

➤ Erlebe das von Einwanderern aus aller Welt geprägte Manhattan
➤ In wenigen Stunden durch China, Italien und die Ukraine
➤ Köstliches Essen an jeder Ecke, dazu spannende Architektur

Washington Square

Veselka

4 km

6 Stunden, reine Gehzeit 1 Stunde

① Washington Square

STUDENTEN, FOLK UND EIN TRIUMPHBOGEN

Startpunkt ist der ① Washington Square ➤ S. 40 mit seinem Triumphbogen, Treffpunkt für die Studenten der benachbarten New York University (NYU) und die Boheme der Stadt, von Jazzern bis zu Jongleuren. Lust auf ein bisschen Denksport? In der südwestli-

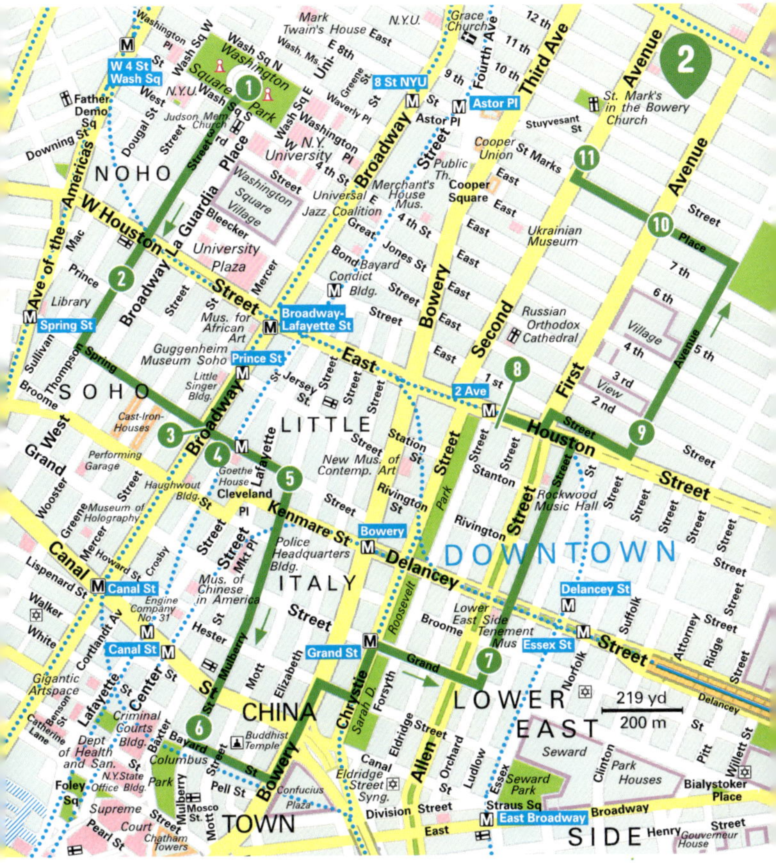

chen Ecke des Parks kannst du gegen lokale Schachspieler antreten und versuchen, sie schachmatt zu setzen. *Kreuze dann die Bleecker Street,* vor 40 Jahren das Mekka der Folkmusik, *und gehe über die West Houston Street in eines der architektonisch reizvollsten Viertel der Stadt:* ❷ **SoHo** ➤ S. 37. Die *cast-iron*-Gebäude – ehemals mehrstöckige Fabriken, Läden und Lagerhäuser – liegen teils noch an alten Kopfsteinpflasterstraßen. In den 1960er-Jahren wurden sie von Künstlern und Studenten zu großen Lofts umfunktioniert, wie man im ehemaligen Wohnhaus des Bildhauers Donald Judd *(juddfoundation.org)*

❷ SoHo

sehen kann. Bummel entlang der Spring Street, stöber in Boutiquen, lass dich einfach treiben und schau den Menschen bei ihrem alltäglichen Leben zu.

❸ Broadway

JETZT WIRD'S GLAMOURÖS

Die Spring Street trifft auf den ❸ **Broadway ➤ S. 38**. Er bietet jede Menge Shoppingattraktionen: *Geh zunächst Richtung Uptown* und werfe einen Blick in den Laden von **Prada ➤ S. 99**. *Dann drehst du um und läufst wieder Richtung Süden. Zurück auf der Spring Street,* bewegst du dich auf den Spuren heutiger New-York-Promis: Ein Tipp für alle, die Filmstars und Models sehen und ihren Instagram-Account füllern möchten, ist das Bistro ❹ **Balthazar ➤ S. 107**.

❹ Balthazar

VON ITALIEN NACH CHINA

Biege nach zwei Blocks in Richtung Osten von der Spring nach rechts auf die Mulberry Street ab, der Hauptstraße von ❺ **Little Italy ➤ S. 36**. Hier liegen italienische Restaurants im Schatten der mehr als 100 Jahre alten Mietshäuser mit ihren charakteristischen Feuertreppen. Little Italy wird immer kleiner, denn ❻ **Chinatown ➤ S. 36** breitet sich nach Norden aus. Die Canal Street ist das Zentrum der chinesischen Fisch-, Fleisch- und Gemüseshops, fliegende Händler servieren Kostproben.

❺ Little Italy

❻ Chinatown

ZEITREISE MIT TEIGTASCHE

Biege links in die Bowery, dann über die Grand und die Orchard Street in ein anderes Viertel, das sich verändert hat: Die ❼ **Lower East Side ➤ S. 40** ist schick geworden. Jüdische Einwanderer aus Osteuropa prägten diesen Teil der Stadt im 19. Jh. Synagogen, Lebensmittelläden und Restaurants bezeugen den Einfluss noch immer, aber hippe Bars, jede Menge Restaurants und Boutiquen haben große Teile der jüdischen Lebensart verdrängt. *Geh hier unbedingt in die* ❽ **Yonah Schimmel Knish Bakery** *(tgl. 10–19 Uhr | 137 E. Houston Street | knishery.com) an der Houston Street* und probiere einen Spinat-Knish, eine herzhaft gefüllte Teigtasche osteuropäischen Ursprungs – ein köstliches Stück der alten Lower East Side.

❼ Lower East Side

❽ Yonah Schimmel Knish Bakery

An manchen Stellen noch immer wie eine Filmkulisse: Little Italy

„KLEIN DEUTSCHLAND" IM EAST VILLAGE

Nördlich der Houston Street hören die Kontraste nicht auf. Viele deutsche Immigranten zogen ab Mitte des 19. Jhs. in die einfachen Apartments im Herzen des ⑨ East Village ➤ S. 39 und gaben der Gegend ihren Spitznamen „Klein Deutschland". *Die Avenue A und der Tompkins Square Park* wurden in den 1960er-Jahren zur Hochburg der Hippie-Bewegung. In den 1970er-Jahren dann entdeckte die Punkrockszene diese Ecke für sich. Und heute leben hier immer noch junge Kreative und Studenten, aber auch Banker, Anwälte und Promis.

INSIDER-TIPP
Shopping-Paradiese mit Charme

Zum Abschluss bummelst du über den ⑩ St Marks Place ➤ S. 42, wo dich kleine Boutiquen zum Stöbern verlocken. *Wenn du auf die 2nd Avenue triffst, dann mach einfach noch einen kleinen Schlenker nach Norden: Im* ⑪ Veselka ➤ S. 80 *an der Ecke zur 9th Street* gibt's russisch-ukrainisches Essen. Kennst du nicht? Dann bestell am besten *blintzes*, eine köstliche, mit Frischkäse gefüllte Pfannkuchen-Spezialität.

⑨ East Village

⑩ St Marks Place

⑪ Veselka

3 DOWNTOWN ENTDECKT SICH NEU

- Gedenken am Memorial für die Opfer von 9/11
- Von ganz oben auf Manhattan schauen
- Der Freiheitsstatue in die Krone klettern

Municipal Building

South Street Seaport

4 km

6 Stunden, reine Fahr-/Gehzeit 1 Stunde

Tickets nach Liberty Island am besten online bestellen, um Wartezeiten zu verkürzen.

1 Municipal Building

2 African Burial Ground

3 St Paul's Chapel

4 9/11 Memorial

INNEHALTEN AM GROUND ZERO

Vom 1 **Municipal Building** *(1 Centre Street), das du mit der Linie R erreichst, geht der Weg zum Duane Park.* Wo sich heute Antiquitätenläden angesiedelt haben, bekommst du einen Eindruck davon, wie die Kaufleute im 18. Jh. an der Südspitze Manhattans lebten. *An der Ecke Duane Street/Broadway liegt der* 2 **African Burial Ground** *(290 Broadway | nps.gov/afbg)*, ein alter Friedhof für geschätzt 15 000 Sklaven aus Afrika. Im Visitor Center kannst du mehr über diesen erst 1991 wiederentdeckten Ort und seine Geschichte erfahren. *Von dort gehst du weiter nach Süden bis zur* City Hall ➤ S. 30, dem Rathaus von New York, erbaut zwischen 1803 und 1812. Ein Hingucker ist das nahe *Woolworth Building (233 Broadway/zw. Barclay Street und Park Place)* mit seiner grünen Kupferkuppel. *An der Vesey Street liegt* 3 **St Paul's Chapel ➤ S. 33**, Manhattans einzige Kirche aus der Kolonialzeit. Nach dem Anschlag auf das World Trade Center wurde sie zur wichtigen Anlaufstelle für erschöpfte Helfer. *Durch die Vesey Street kommst du zum ehemaligen Ground Zero,* wo heute das 4 **9/11 Memorial ➤ S. 32** mit seinen beiden schwarz umran-

INSIDER-TIPP
Blick in die tiefste Vergangenheit

deten Becken und den Namen aller Opfer berührt. Nimm dir die Zeit, beim Rauschen der Wasserfälle diesen Ort auf dich wirken zu lassen. Von hier hat man auch einen guten Blick auf das **One World Trade Center** ➤ S. 32. Das ❺ **One World Observatory** *(oneworld observatory.com)* ist der höchste Ausguck über die Stadt.

❺ One World Observatory

LADY LIBERTY HÄLT HOF

Wieder auf dem Boden, folgst du nun der Church Street Richtung Süden, vorbei an der ❻ **Trinity Church**, die sich zwischen die hohen Häuser des Finanzdistrikts duckt. *Kurz vor dem südlichen Ende des Broadway* scharrt der berühmte Bulle aus Bronze, der als Sinnbild für einen starken, optimistischen Finanzmarkt an der Wall Street steht, mit den Hufen. *Von Battery Place und First Place* ist der Blick von der mit Bäumen bestandenen Promenade Richtung Süden reizvoll. Hier kannst du eines von New Yorks Wahrzeichen – die Freiheitsstatue – zusammen mit Ellis Island und der Verrazano-Narrows-Bridge fotografieren. *Näher kommst du Lady Liberty, indem du im* ❼ **Castle Clinton** *das Schiff besteigst. Zunächst erreichst du die* ❽ **Statue of Liberty** ➤ S. 34: Genieß den Ausblick und steig auf die Aus-

❻ Trinity Church

❼ Castle Clinton

❽ Statue of Liberty

Erinnerung an ein nationales Trauma: auf dem Weg zum 9/11 Memorial

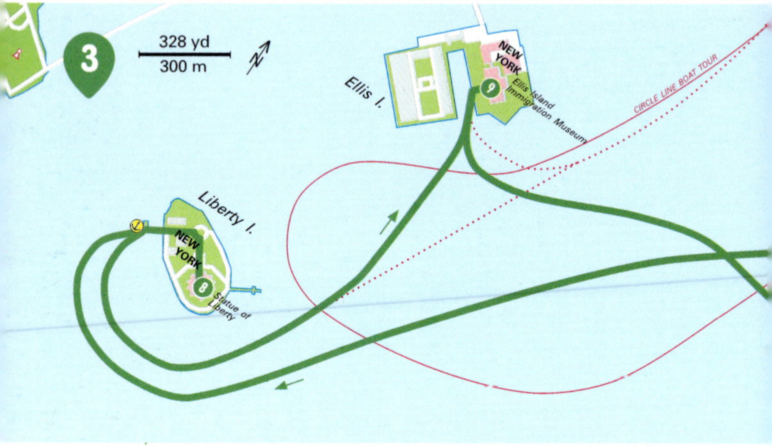

9 Ellis Island

sichtsplattform in der Krone. *Weiter geht's dann nach* 9 **Ellis Island ➤ S. 35**, jener Insel, die ab 1860 Durchgangsstation der Immigranten war.

IN DER WELT DES GELDES

10 Skyscraper Museum

11 Museum of Jewish Heritage

12 National Museum of the American Indian

Zurück auf dem Festland, hast du die Wahl, ob du eines der drei Museen besuchst, die du auf dem Weg durch den Battery Park zur Wall Street passierst: das 10 **Skyscraper Museum**, das 11 **Museum of Jewish Heritage** oder das 12 **National Museum of the American Indian ➤ alle S. 34**. Dann tauchst du ein in die Welt des Geldes. *An der Kreuzung Broad Street/Pearl Street betrittst du* **Fraunces Tavern** *(54 Pearl Street | Tel. 1 212 968 17 76 | fraucestavern.com | €€–€€€)*, die wohl älteste Gaststätte der Stadt (seit 1763) und ideal für ein *strip steak*, ein typischer New Yorker Leckerbissen. Dann *biegst du von der Pearl Street nach links in die* 13 **Wall Street ➤ S. 33** mit der Börse, der **Stock Exchange**.

13 Wall Street

DAS STILVOLLE ENDE EINES TAGES

Über die Pine Street geht es zum Chase Manhattan Plaza, dem ersten Wolkenkratzer der 1960er-Jahre im *international style, dann kreuzt du auf der Maiden Lane die Water Street,* die im 19. Jh. von Bars und Bordellen flankiert war. Am Ende wartet der atmosphärische historische Distrikt 14 **South Street Seaport**, wo du den Tag etwa im japani-

14 South Street Seaport

schen Restaurant **Suteishi** *(24 Peck Slip | Tel. 1212 7662344 | suteishi.com | €–€€)* stilvoll ausklingen lassen kannst.

4 VOM BESTEN DAS MEISTE

➤ **Den Central Park erleben und genießen**
➤ **Einige der besten Museen der Welt erkunden**
➤ **Schick shoppen – oder nur die Auslagen bewundern**

Rockefeller Center

Guggenheim Museum

→ 4,5 km

7 Stunden,
reine Fahr-/Gehzeit
2 Stunden

DasTicket für die Roosevelt Island Tram ist in der Metrocard enthalten.

MITTENDRIN IM SHOPPING-WIRBEL

Prometheus steht im Zentrum von Manhattan, inmitten eines riesigen Büro- und Shoppingkomplexes,

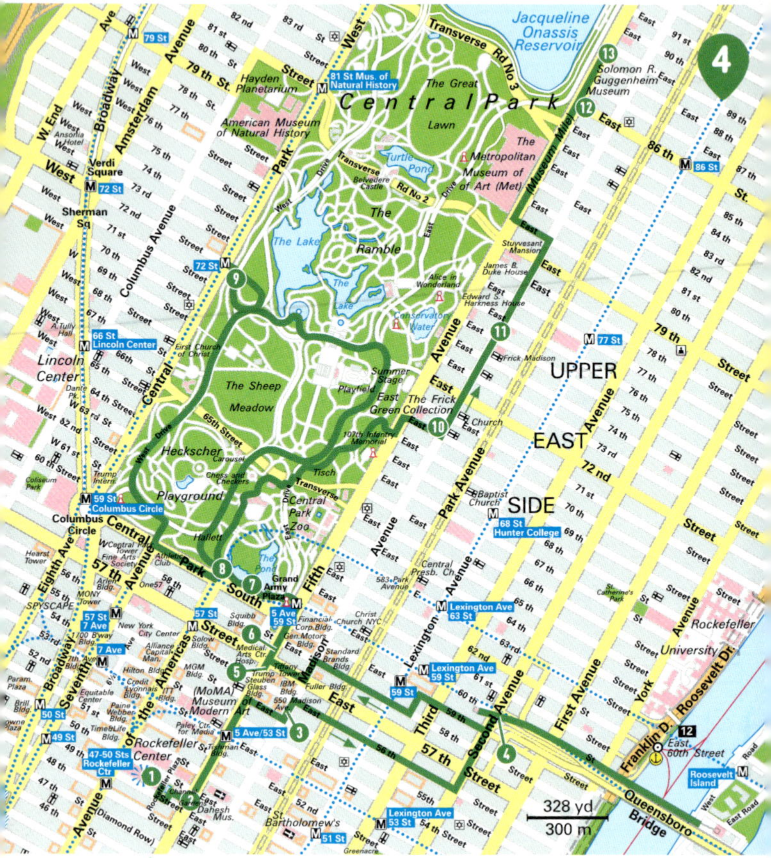

durch den täglich eine Viertelmillion Menschen geschleust werden. John D. Rockefeller gab 1929 die 14 Gebäude des ❶ **Rockefeller Center ➤ S. 48** *zwischen 48th und 51st Street an der Fifth Avenue in Auftrag.* Die bronzene Prometheus-Skulptur, die für Demokratie, Fortschritt und Völkerverständigung steht gehört zu den dekorativen Schauplätzen im Schatten von *30 Rockefeller Plaza. Von hier lohnt ein Abstecher Richtung Norden zum altehrwürdigen Kaufhaus* ❷ **Saks Fifth Avenue ➤ S. 148, 93** mit seiner riesigen Kosmetikabteilung, wo du dir von einer Visagistin ein cooles Make-up machen lassen kannst.

UND DANN: DAS GROSSE SCHWEBEN

Und zwar als Einstimmung auf die großen Namen – von Versace bis Gap –, *die sich an der Fifth Avenue, New Yorks Flanierboulevard, reihen. Wieder zur 55th Street zurück, biegst du links ein und schlenderst auf der Madison Avenue gen Norden. Wirf einen Blick in die eindrucksvolle Lobby des Gebäudes* 550 Madison Avenue ➤ S. 50, des früheren Sony Bulidings, bevor du *Richtung Osten gehst, zur Station der* ❹ Roosevelt Island Tramway ➤ S. 51: *Schwebe mit der Seilbahn über den East River, bevor du in die mondäne Welt der Fifth Avenue zurückkehrst* – und die Schmuckauslagen bei ❺ Tiffany & Co. ➤ S. 101 bewunderst.

INSIDER-TIPP
Wie im Flug hinüber zur Flussinsel

❸ 550 Madison Avenue
❹ Roosevelt Island Tramway
❺ Tiffany & Co.
❻ Bergdorf Goodman
❼ Central Park
❽ Citi-Bike-Station
❾ Strawberry Fields

STRAWBERRY FIELDS FOREVER

Im Edelkaufhaus ❻ Bergdorf Goodman ➤ S. 92 solltest du mindestens *durch die Erdgeschossetagen* bummeln. Vom (Shopping-)Trubel erholen kannst du dich *beim Ausflug in die grünen Weiten des* ❼ Central Park ➤ S. 51, genieße seine Wiesen, Hügel und Wäldchen. Leih dir ein Fahrrad des günstigen ❽ Citi-Bike-Systems ➤ S. 156 und radel damit kreuz und quer durch den Park. Überall sind hier Hot-Dog-Wägelchen – probier diesen typischen New-Yorker-Fastfood-Snack. *Auf Höhe der 72nd Street West liegt vor dem* Dakota ➤ S. 55 zur Erinnerung an den Beatles-Musiker John Lennon ein Garten – die berühmten ❾ Strawberry Fields.

Unvergessen: John Lennon und seine wohl größte Hymne

EXKLUSIV UND KUNSTVOLL

Nach diesem Abstecher geht es quer zurück durch den Park, wo du die obere Fifth Avenue erreichst, an der sich die luxuriösesten Wohnungen der Stadt und einige der interessantesten

⑩ Frick Collection

⑪ Madison Avenue

⑫ Neue Galerie New York

⑬ Guggenheim Museum

Museen der Welt befinden. So die ⑩ **Frick Collection** ➤ S. 52 *an der Ecke 70th Street* in einem eleganten *townhouse* aus der Wendezeit vom 19. zum 20. Jh. Im glasüberdachten Atrium plätschert ein Springbrunnen – eine Oase der Ruhe! *Zurück an die* ⑪ **Madison Avenue** ➤ S. 47. Hier zeigt sie sich von ihrer exklusivsten Seite – mit Boutiquen amerikanischer und europäischer Designer. *Ab der 80th Street kehrst du zurück an die Fifth Avenue, vorbei am* Metropolitan Museum of Art ➤ S. 52 mit seiner riesigen Freitreppe *geht es Richtung 86th Street, wo in der* ⑫ **Neuen Galerie New York** ➤ S. 54 deutsche und österreichische Kunst des frühen 20. Jhs. hängt. Nach dem exquisiten Kunstgenuss wartet im Café des Museums Wiener Kaffeehauskultur mit köstlichem Apfelstrudel. Den coolen Abschluss deiner Tour bildet dann noch einmal ein Architektur-Highlight: *Drei Blocks weiter* stehst du vor dem Gebäude des ⑬ **Guggenheim Museum** ➤ S. 54 mit seinem verblüffenden Design des Architekten Frank Lloyd Wright.

5 BILDHÜBSCHES BROOKLYN

- ➤ Entspannung am Wasser im Brooklyn Bridge Park
- ➤ Spannende neue und alte Architektur
- ➤ Spaßiger Zwischenstopp an einem historischen Karussell

NYC Ferry

Bargemusic

3,5 km

8 Stunden, reine Gehzeit 3 Stunden

Mitnehmen: Badesachen
Achtung: Die Zahl der Kajaks im Brooklyn Bridge Park ist limitiert – *first come, first serve*! Bargemusic findet nur Freitag und Samstag statt. ③ **Café Almar** ist am Sonntag geschlossen.

VOM KARUSSELL INS KAJAK

Die ❶ NYC Ferry *(S Street | Pier 11 | ferry.nyc) bringt dich nach* ❷ Dumbo ➤ S. 60, *wo du im* ❸ Café Almar ➤ S. 72 lecker frühstückst. Die ehemaligen Fabrikgebäude und Lagerhallen dieses Teils von Brooklyn sind jetzt Wohnungen und Büros, Designläden und Restaurants. *Schau bei* ❹ Powerhouse Arena ➤ S. 90 *an der Ecke Water und Adams Street vorbei,* einer riesigen Buchhandlung mit wechselnden Fotoausstellungen und regelmäßigen Events. *Weiter geht es Richtung Wasser auf der Adams Street zum* ❺ Main Street Park *(brooklynbridgepark.org).* Dort, am kleinen Strand, hast du den ultimativen Blick auf die Brooklyn Bridge und die dahinter liegende Skyline! Zur Linken siehst du in einem Glaspavillon ein historisches Juwel: ❻ Jane's Carousel *(janescarousel.com)* wurde 1922 gebaut, auf den Pferden des Ka-

INSIDER-TIPP
1-A-Blick auf die Skyline

❶ NYC Ferry
❷ Dumbo
❸ Café Almar
❹ Powerhouse Arena
❺ Main Street Park
❻ Jane's Carousel

7 Brooklyn Bridge Park

8 Brooklyn Bridge Park Boathouse

9 Brooklyn Heights

10 River Deli

russells drehst du heute für $ 2 eine Runde. Jetzt liegt ein herrlicher Spaziergang vor dir. *Entlang des East River zieht sich der* **7 Brooklyn Bridge Park** *(brooklyn bridgepark.org) gen Süden.* Er hat es in sich: Es geht auf Kieselsteinen über kleine Hügel und durch Mini-Wäldchen, an aufgehübschten Piers kannst du dich sportlich betätigen, Basketball, Boccia, Beachvolleyball oder Fußball spielen oder Rollerskaten. Mittagshunger? Einen Steinwurf Richtung Westen liegen gute Restaurants am Anfang der Old Fulton Street. Leih dir im Sommer gratis ein Kajak beim **8 Brooklyn Bridge Park Boathouse** *(Juni–Aug. Mi/Do 17–19, Sa 10–15, So 12–14.30 Uhr | Pier 2 | bbpboathouse.org)* und *erkunde New York vom Wasser aus* – ein unvergessliches Abenteuer! *Zurück an Land* kannst du auf einer der Liegewiesen ausspannen oder eine Runde im Pool drehen, samt Möwengeschrei und Blick auf Manhattan und Freiheitsstatue.

IM SCHRIFTSTELLER-PARADIES

Wandere dann bis zur Joralemon Street, in die du links einbiegst. Es geht etwas bergauf, und dann betrittst du das historische Viertel von **9 Brooklyn Heights** ➤ S. 60. *Gleich an der Ecke zur Straße Columbia Place findest du das* **10 River Deli** *(tgl. ab 17 Uhr | 32 Joralemon Street | Tel. 1 718 2 54 92 00 | riverdelirestaurant.*

Alle möglichen orientalischen Genüsse und Gerüche findet man bei Sahadi's

Korbwurf mit Skyline: Basketball im Brooklyn Bridge Park

com | €€€), ein entzückendes italienisches Restaurant. Nach der Pause *gehst du weiter bergauf und biegst erst links auf die Hicks und dann erneut links in die Remsen Street ein*, vorbei an renovierten, edlen *brownstone*-Häusern unter Bäumen. In diesem pittoresken Teil Brooklyns lebten im 20. Jh. viele amerikanische Schriftsteller: Truman Capote, Henry und Arthur Miller, Paul Bowles oder Carson McCullers.

DER CHARME DES ORIENTS

Doch nun weiter zur Atlantic Avenue. Diese Einkaufsmeile bietet Designer- und Antiquitätenläden, Restaurants und das beliebte arabische Delikatessengeschäft ⑪ **Sahadi's** *(tgl. 11–19 Uhr | Atlantic Av. 187 | sahadis.com)* mit dem Charme eines alten Kolonialwarenladens. Probier die Oliven oder eine der 150 Käsesorten! *Nur einen halben Block östlich gehst du links in die Court Street, die dich zur 1848 erbauten* ⑫ **Brooklyn Borough Hall**, dem imposanten ehemaligen Rathaus von Brooklyn, führt. *Entlang des Cadman Plaza Park läufst du nun in 20 Minuten zurück zur Brooklyn Bridge,* wo dich mit ⑬ **Bargemusic** ➤ S. 120 ein Highlight erwartet: klassische Musik vor der leuchtenden Kulisse Manhattans.

INSIDER-TIPP
1001 Genuss aus Arabien

⑪ Sahadi's

⑫ Brooklyn Borough Hall

⑬ Bargemusic

GUT ZU WISSEN

DIE BASICS FÜR DEINEN STÄDTETRIP

ANKOMMEN

ANREISE

Die Flugzeit nach New York beträgt etwa acht bis neun Stunden. Die meisten Auslandsflüge kommen auf dem *John-F.-Kennedy-Flughafen (JFK)* in Queens an. Von dort aus kommst du mit dem *Taxi ($ 52 pauschal, $ 56,50 zur Rushhour, plus Mautgebühr und 15–20 Prozent Trinkgeld | etwa 1 Std. Fahrzeit)* in die Innenstadt. Achtung: Nimm nur eines der offiziellen Taxis – die gelben *Yellow Cabs* – und keinen der anderen Taxifahrer, die dir eine günstige Fahrt versprechen. Hier zahlst du nämlich mit Sicherheit drauf. Günstig sind – nach dem du online reserviert hast – auch die Shuttlebusse des *NYC Airport Shuttle (goairlinkshuttle.com)* oder die Angebote von *Super Shuttle (super shuttle.com)*.

Am billigsten ist die U-Bahn. Nimm vor dem Terminal den Airtrain *(Fahrzeit 12 Min. | $ 8 | short.travel/new26)* bis zur Station Howard Beach und steig dort in den A-Train *(Fahrzeit ca. 1,5 Std. | Metrocard $ 2,75)* nach Manhattan um (auf dem

– 6 Stunden Zeitverschiebung

Achtung: Europa stellt zu etwas anderen Terminen auf Winter- und Sommerzeit um, daher beträgt der Zeitunterschied im Frühjahr und Herbst kurzzeitig nur fünf Stunden.

Adapter Typ A

110 Volt/60 Hertz-Adapter

Mit dem Taxi-Profi durchs New Yorker Metropolengewühl

Rückweg nur die Züge „A" in Richtung Far Rockaway/Mott Avenue oder Rockaway Park Beach bis zur Station Howard Beach-JFK Airport nehmen). Oder fahr mit dem Airtrain bis zur Station Jamaica *($ 8)*, dort kannst du umsteigen in die *Long Island Rail Road (Fahrzeit 20 Min. | ab $ 5)* und kommst so völlig staufrei bis zur Penn Station. Das ist die ideale Lösung, falls du zur Rushhour, der Hauptverkehrszeit, in New York ankommen solltest.

Wenn du in *Newark (EWR)* in New Jersey landest, kannst du den *Newark Airport Express Bus* nach Midtown Manhattan *(alle 20–30 Min. | Fahrzeit 1 Std. | $ 17, hin und zurück $ 30 | coachusa.com)* nehmen, den *Airtrain* bis Newark Airport Station und dann die Regionalbahn zur Penn Station *(Fahrzeit 45 Min.–1 Std. | etwa $ 15 | newarkairport.com)* oder ein *Taxi ($ 50–70 inkl. Mautgebühr, plus Trinkgeld | 1 Std. Fahrzeit | $ 17,50 Zuschlag von New York aus)*.

Flüge von innerhalb der USA landen oft auf dem dritten Flughafen der Stadt, dem *La Guardia Airport (LGA)* in Queens. Von dort kannst du den *NYC Airport Shuttle (Fahrzeit ca. 45 Min. | etwa $ 40)* nehmen. Andere Möglichkeit: *Super Shuttle (Fahrzeit ca. 45 Min. nach Manhattan | $ 40)*, der öffentliche und kostenlose Bus Q70, der dich zur Station 74 St/Roosevelt Av. bringt, wo du in die U-Bahn-Linien 7, E, F, M und R umsteigen kannst, oder das Taxi *(ca. 45 Min., ca. $ 50 plus Trinkgeld)*.

EINREISE

Für die Einreise in die Vereinigten Staaten wird ein maschinenlesbarer Reisepass mit biometrischen Daten benötigt, der für die Dauer des Aufenthalts gültig ist. Vor Reiseantritt musst du online eine elektronische Einreisegenehmigung (ESTA) ausfüllen. Die Beantragung kostet einmalig $ 14. Reisebüros können dabei behilflich sein. Mit dem ESTA kannst du dann zwei Jahre lang so oft in die USA reisen, wie du möchtest und jeweils maximal 90 Tage bleiben.

MOBIL SEIN

ÖFFENTLICHE VERKEHRSMITTEL

In New York kommst du am allerbesten zu Fuß voran – oder mit Bus oder U-Bahn, meist Subway genannt. Der Preis für eine einmalige Fahrt jeglicher Länge beträgt $ 2,75. Zutritt bekommst du mit einer Magnetkarte, der *Metrocard*. Ihre Vorteile: kostenloses Umsteigen zwischen U-Bahn und Bus, Mengenrabatt und die für Touristen besonders empfehlenswerte Wochenkarte zum Preis von $ 33 – falls Du so lange bleibst.

Alle Fahrkarten bekommst du an Automaten in den Subway-Stationen. Neuerdings kannst du über das System *One Metro New York (OMNY)* auch einfach deine Kreditkarte oder dein Handy an die Sensoren am Eingang halten und so zahlen. Besonderheiten des Systems: *Express trains* halten nicht an jeder Station, *local trains* schon. Manche U-Bahnhöfe haben getrennte Eingänge für Züge nach Uptown (Norden) und Downtown (Süden), meist auf der passenden Straßenseite.

Im Bus kann man auch bar bezahlen, aber Achtung, du musst gut vorbereitet sein: Denn das geht nur mit $ 2,75 in Münzen abgezählt! Das Subway-Netz wird ständig repariert, Umleitungen und temporäre Ausfälle sind an der Tagesordnung – v. a. am Wochenende. Infos: *mta.info* oder an den Stationen.

Oder schnapp dir ein Yellow Cab auf der Straße, das Taxifahren ist in New York relativ günstig – und inzwischen auch mit der App *Curb* steuerbar. Die Grundgebühr für die erste Drittelmeile beträgt $ 2,50, für jede weitere Fünftelmeile $ 0,50. 25 Blocks kosten ungefähr $ 10 zzgl. Trinkgeld (20 Prozent). Nachtaufschlag 20–6 Uhr $ 0,50, wochentags zwischen 16 und 20 Uhr $ 1 Zuschlag. Brücken- und Tunnelmaut *(toll)* kommen hinzu.

In Konkurrenz zu den herkömmlichen Transportangeboten gibt es eine Vielzahl an nicht-öffentlichen *ride-hailing*-Apps wie *Uber, Lyft* oder *Via*. Außerdem ist besonders bei schönem Wetter das Fähren-Netzwerk eine tolle Alternative, das derzeit stark ausgebaut und immer attraktiver wird *(ferry.nyc)*.

FAHRRADVERLEIH

Über viele Gegenden von New York verteilt findest du die blauen Stationen von *Citi Bike (citibikenyc.com)*. Eine Fahrt von 30 Minuten kostet $ 3,99, für $ 15 kannst du innerhalb von 24 Stunden so oft jeweils 30 Minuten lang strampeln, wie du magst. Inzwischen gehören auch E-Bikes zum Angebot. Aber bitte sei vorsichtig: Fahrradfahrer sind in New York immer noch eine Minderheit und werden von Fußgängern und Autofahrern häufig nicht beachtet.

Fahr mal blau: Mit den Leihrädern von Citi Bike kommt man schnell durch die Stadt

MIETWAGEN

Wer von New York mit dem Auto weiterreisen will, sollte den Wagen am Flughafen mieten: Dort ist es billiger (ab $ 50/Tag). Noch preiswerter ist der Mietwagen allerdings, wenn du bereits in Europa reservierst. Eins muss dir in der Mega-City allerdings klar sein: Parken ist in Manhattan praktisch unmöglich. Die Tatsache, dass es viel zu wenig Parkplätze gibt, und die nicht zu unterschätzende Einbruch- und Diebstahlgefahr sprechen für ein Parkhaus. Die aber wiederum sehr teuer (Tagesgebühr etwa $ 50) sind. Mietwagen mit Chauffeur heißen *limo* oder *town car* (ab $ 80 pro Stunde bei 1,5 Stunden Minimum plus 20 Prozent Trinkgeld und Steuer), es gibt sie z. B. bei *Avalon (Tel. 1 800 5 28 25 66 | avalontrans.com).*

VOR ORT

AUSKUNFT

Im *Official NYC Information Center (Mo–Sa 10–22, So 10–21 Uhr | 151 W 34th Street | short.travel/new17 | Subway B, D, F, M, N, Q, R 34th Street-Herald Square |* *E9**)* wirst du umfassend informiert und beraten.

Hier gibt es auch Informationen über die vielen verschiedenen und durchaus interessanten Sparpass-Angebote der Stadt, eine gute Übersicht findest du hier: *freetoursbyfoot.com/new-york-city-passes.*

INTERNETZUGANG & WLAN

Die Stadt ist dabei, Tausende Internetsäulen mit schnellem, Gratis-WLAN-Zugang, Telefonfunktion und USB-Ladedocks in allen Stadtteilen aufzustellen *(link.nyc)*. Auch in den Bibliotheken und den meisten Parks und Museen, in vielen Cafés und Hotels sowie der U-Bahn gibt es kostenloses WLAN.

FEIERTAGE

1. Januar	*New Year's Day* (Neujahr)
Letzter Mo im Mai	*Memorial Day* (Gedenktag für die gefallenen Soldaten)
4. Juli	*Independence Day* (Unabhängigkeitstag)
1. Mo im Sept.	*Labor Day* (Tag der Arbeit)
4. Do im Nov.	*Thanksgiving* (Erntedank)
25. Dez.	*Christmas Day* (Weihnachtsfeiertag)

MASSE & GEWICHTE

Das metrische System ist in den USA unbekannt. Man trifft deshalb auf schwer umrechenbare Längenmaße wie *mile* (1,6 km), *foot* (30 cm) und *inch* (2,5 cm), auf Hohlmaße wie *gallon* (3,78 l), *quart* (0,94 l) und *pint* (0,47 l) sowie auf Gewichte wie *pound* (0,454 kg) und *ounce* (28,3 g). Kleidergrößen: Bei der Damenkonfektion entspricht US-Größe 4 der deutschen 34, 6 = 36, 8 = 38, 10 = 40, 12 = 42, 14 = 44. Bei den Herren ist die US-Größe 36 = 46, 38 = 48, 40 = 50, 42 = 52, 44 = 54.

ÖFFENTLICHE TOILETTEN

Öffentliche Toiletten *(rest rooms)* sind in New York noch immer Mangelware. Alternativen findest du bei deinen Stadtstreifzügen in den öffentlich zugänglichen Atrien und Lobbys etlicher Wolkenkratzer und Geschäftszentren, in Hotels, Kaufhäusern, Buchläden und Filialen von Essensketten. Die schönsten und saubersten öffentlichen Toiletten der Stadt gibt es am Bryant Park.

Edle Adresse im Großstadtdschungel: unterwegs auf der Fifth Avenue

POST

Ein Postamt in deiner Nähe findest du unter *usps.com*. Briefmarken gibt es dort auch an Automaten, aber auch in vielen Souvenirläden oder Delis. Eine Postkarte nach Europa kostet $ 1,30. Briefkästen stehen an vielen Straßenecken und sind blau.

STADTRUNDFAHRTEN

Du kannst die Stadt gut mit dem Bus erkunden, etwa mit *New York Sightseeing (Tel. 1 212 4 45 08 48 | newyorksightseeing.com | E8)*: Um die 20 verschiedene Touren sind hier im Angebot, auch auf Deutsch und auch ins Umland, z. B. ins Woodbury Outlet *(ab $ 47)*. Zusteigen kannst du in der ganzen Stadt.

Harlem Spirituals (Tel. 1 212 3 91 09 00 | harlemspirituals.com) bietet Rundfahrten durch Harlem sonntagmorgens mit Besuch einer Baptistenkirche an *($ 75)*.

Viele verschiedene auch deutschsprachige Touren hat der in Bosnien geborene und in Deutschland aufgewachsene *Stadtführer Sanel Huskanovic (meintripnachnewyork.com)* im Angebot, der die Metropole in- und auswendig kennt.

Du willst lieber in die Luft gehen? *Liberty Helicopters (6 E River Greenway | Tel. 1 212 7 86 57 51 | libertyhelicopters.com | Subway N, R Whitehall Street | B18)* bietet Flüge über die Skyline an: *12–15 Min. $ 229/Person, 17–20 Min. $ 279/Person.* Fast identische Preise hat *HeliNY (Tel. 1 212 3 55 08 01 | heliny.com)* am selben Pier.

Auch mit dem Boot kannst du den Big Apple kennenlernen, schließlich ist Manhattan eine Insel. Besonders beliebt sind die dreistündigen Rundfahrten rundherum um die Skyline mit *Circle Line Sightseeing Cruises (Mitte April–Okt. tgl. 10–15.30 Uhr, im Winter einmal tgl. | Pier 83/W 42nd Street/ Hudson River u. Pier 16/South Street Seaport | Preis $ 44 | Tel. 1 212 5 63 32 00 | circleline.com | Subway A, C, E 42 Street-Port Authority | C7)*. Eindrücklich sind auch die Rundfahrten bei Nacht *(Harbour Lights | ab $ 44)* vor der Kulisse der leuchtenden Wolkenkratzer von Manhattan.

Essen steht bei Dinner Cruises wie *Bateaux Dinner Cruise (tgl., Bordgang 19 Uhr | Pier 61, Chelsea Piers | ab $ 164,90 | Tel. 1 855 6 47 97 14 | short.travel/new27 | Subway C, E, 1, N, M, F, R or 6 to 23rd Street | C7)* im Mittelpunkt. Besonders lohnend ist es, wenn man beim abendlichen Schlemmen auf dem vollverglasten Schiff den Mond über der Freiheitsstatue bewundern kann. Günstige oder sogar kostenlose Stadtführungen zu Fuß bieten beispielsweise die Big Apple Greeter *(bigapplegreeter.org)* und *Free Tours by Foot (freetoursbyfoot.com)*.

INSIDER-TIPP **Mit New Yorkern durch die Stadt spazieren**

WAS KOSTET WIE VIEL?

Espresso	3 Euro *für eine Tasse*
Hotdog	5 Euro *bei Nathan's in Coney Island*
Kino	ab 20 Euro *in Kinos in Manhattan*
Softdrink	2 Euro *für eine Dose/ Flasche*
Taxi	ca. 7 Euro *für eine Kurzfahrt (ca. 3 km)*
Subway	2,75 Euro *für eine U-Bahn-Karte*

TELEFON & HANDY

In New York ist der *area code* (Vorwahl) immer Bestandteil der Telefonnummer, zuvor ist noch eine 1 zu wählen (die Nummern in diesem Band sind daran bereits angepasst).

Bei Anrufen aus dem Ausland wählst du die Vorwahl 00. Auskunft: *Tel. 411 (*)* ($ 0,50 pro Anfrage) und *411.com*. Vorwahlen: USA 001, Deutschland 011–49, Österreich 011–43, Schweiz 011–41, dann die Ortsnetzkennzahl ohne 0 und die Nummer.

Telefonate mit eigenem Handy (in den USA *mobile* von *mobile phone*) sind meist problemlos möglich, da moderne Smartphones auch die in den USA üblichen, eher ungewöhnlichen, Frequenzbereiche abdecken. Um hohe Roaminggebühren zu vermeiden, lohnen sich auch Prepaid-Sim-Karten örtlicher Netzbetreiber wie AT&T und T-Mobile US (diese beiden unterstützen die Frequenzbereiche europäischer Handys). In New York verkaufen Kioske und Supermärkte die *prepaid cards*. Du kannst dir aber auch eine Sim-Karte für die USA bereits zu Hause besorgen, etwa bei *Cellion (cellion.de)* oder bei *Tourisim (tourisim.de)*. Angeboten werden verschiedene Tarife mit unterschiedlichen Flatrates und Datenpaketen fürs Roaming.

Hotels haben oft horrende Aufschläge für Ferngespräche. Telefonate nach Deutschland, Österreich und in die Schweiz kosten vom Privatanschluss zzt. $ 0,10 bis $ 1,50/Min. Besser ist es also, mit entsprechenden Apps (Skype, WhatsApp) per WLAN nach Europa zu telefonieren.

TICKETS

Telefonische Bestellungen sind über die Kassen *(box offices)* möglich, oft sind Veranstaltungen oder Musicals aber ausgebucht. Ticketservices schlagen auf den Kartenpreis auf und sind 24 Std. erreichbar: *Telecharge (Tel. 1212 2396200 | telecharge.com)* und *Ticketmaster (Tel. 1800 7453000 | ticketmaster.com)*.

Oft hilft aber auch ein guter Hotelconcierge bei der Jagd nach Karten. Denk an das Trinkgeld nach vollbrachter Leistung! Karten zum stark reduzierten Preis für Vorstellungen vom selben Tag gibt es bei: *TKTS (Mo, Di, Fr 15–20, Mi, Do, Sa 11–20, So 11–19 Uhr | zzgl. $ 2 service charge | tdf.org | Broadway/47th Street |* *E7).*

TRINKGELD

Vorweg: Nicht knausern, in den USA gehört ein gutes Trinkgeld einfach dazu – und macht auch einen guten Teil des Gehalts aus.. In Restaurants gilt die Faustregel: Verdoppele die Steuer *(tax)* auf der Rechnung. Wenn du mit Karte zahlst, kannst du das Trinkgeld auf der Rechnung eintragen oder separat in bar auf dem Tisch lassen. Aber schau dir die Rechnung genau ang: Manche Lokale fürchten, Ausländer geben keinen *tip*, und schlagen deshalb direkt *gratuity* auf – damit entfällt das Trinkgeld.

Oberkellner und *maître de table* erwarten für besondere Dienste (z. B. die Vergabe eines Tischs am Fenster) mindestens $ 10, in erstklassigen Restaurants durchaus auch $ 20. In Hotels rechnen Gepäckträger *(bell boys)* mit $ 1 pro Gepäckstück, in Häusern der ersten Klasse mit insgesamt wenigstens $ 5. Zimmermädchen bekommen mindestens $ 5, bei längerem Aufenthalt solltest du $ 1 pro Tag geben. Sonderleistungen des Concierge (z. B. das Buchen von Tickets oder Restauranttischen) sind mit mindestens $ 10 zu honorieren. Taxifahrer erwarten 15 Prozent Trinkgeld.

ÜBERNACHTEN

New York ist teuer. Hotelzimmer für unter $ 100 pro Nacht sind kaum noch zu haben, der Durchschnitt liegt bei $ 300 bis 400.

Deshalb unbedingt früh reservieren – am besten online, denn da gibt es die günstigsten Tarife. Die Zimmerpreise schwanken saisonal, etwas günstiger übernachtest du in den Monaten Januar, Februar, Juli und August.

Die Übernachtungspreise werden pro Zimmer angegeben und nicht pro Person. Wohnen zwei Leute in einem Raum *(double)*, so kostet es meist nicht viel mehr als ein *single*. Achtung: Auf die Nettopreise werden noch Umsatz-, Mehrwert und eine Steuer der Stadt sowie $ 3,50 Zimmersteuer pro Tag aufgeschlagen. Pauschalarrangements mit Flug, die du in Europa buchst, sind oft preiswerter. Ausführliche Hotelinformationen findest du auf den Websites der Hotels selber oder auf den einschlägig bekannten Recherche- und Buchungsportalen.

Bei den stolzen Übernachtungspreisen ist es kein Wunder, dass viele Reisende Privatwohnungen oder ein Zimmer bei New Yorker Gastgebern buchen. Ein reiches Angebot an Websites bietet Unterkünfte nach Stadtgebiet und Geldbeutel sortiert. Populär sind *airbnb.com, nyhabitat.com* oder *fewo-direkt.de*. Wer ein bisschen länger bleiben möchte, dem kann oft der Newsletter von *listingsproject.com* helfen.

VERANSTALTUNGSTIPPS

Veranstaltungshinweise findest du in der *New York Times (nytimes.com)*, in

Mittendrin im Lichtermeer: Taxis am Times Square

der *New York Post (nypost.com)* und *Daily News (nydailynews.com)*. Im *New York Magazine (nymag.com)* sind Kultur, Sport und andere Termine aufgeführt. *The New Yorker (newyorker.com)* enthält einen Überblick über die Programme der Clubs, Kinos und mehr. *Time Out (timeout.com)* und *Resident Advisor (ra.co/events/us/newyork)* sowie der Newsletter von *flavorpill.com* bieten die ausführlichsten und aktuellsten Infos über Clubs, Konzerte und Veranstaltungen.

WÄHRUNG UND GELD

1 Dollar = 100 Cent. Scheine *(bills)* gibt es in den Stückelungen 1, 5, 10, 20, 50, 100 Dollar, Münzen *(coins)* als 1, 5, 10, 25, 50 Cent und 1 Dollar. Andere Bezeichnungen: *penny* (1 Cent), *nickel* (5 Cent), *dime* (10 Cent), *quarter* (25 Cent), *buck* (1 Dollar). Fast überall kannst du auch mit der Kreditkarte zahlen. Abheben geht mit Karte an Geldautomaten, sogenannten ATMs, die du in Banken, Delis oder Drogeriegeschäften findest.

Am besten informierst du deine Bank vor dem Abflug über die anstehende Reise (sonst wird aus Sorge vor Betrug gerne mal vorsichtshalber die Karte gesperrt). Und fragst auch gleich, ob du bei einem Partnerinstitut in den USA kostenlos Geld abheben kannst. Den aktuellen Dollarkurs findest du beispielsweise bei *oanda.com (short.travel/new31)*.

ZOLL

Pflanzen, frische Lebensmittel und Konserven dürfen nicht eingeführt werden. Erlaubt sind 200 Zigaretten oder 50 Zigarren oder 2 kg Tabak sowie 1 l Spirituosen, außerdem Geschenke bis $ 100.

In die EU eingeführt werden dürfen: 1 l Spirituosen über 22 Prozent, 200 Zigaretten oder 250 g Tabak, 50 g Parfüm und andere Artikel (ausgenommen Gold) im Gesamtwert von 430 Euro *(zoll.de)*.

In die Schweiz eingeführt werden dürfen: 5 l Spirituosen bis 18, 1 l Spirituosen über 18 Prozent, Waren für 300 Franken und 250 Zigaretten *(ezv.admin.ch)*.

NOTFÄLLE

DIPLOMATISCHE VERTRETUNGEN

– *Deutsches Generalkonsulat: Mo–Fr 8.30–16 Uhr | 871 UN Plaza/1st Av./zw. 48th u. 49th Street | Tel. 1 212 6 10 97 00 | germany.info | Subway E, M, 6 51 Street*

– *Österreichisches Generalkonsulat: Mo–Fr 9–12 Uhr | 31 E 69th Street/zw. Madison u. Park Av. | Tel. 1 212 7 37 64 00 | austria-ny.org | Subway 6 68 Street*

– *Schweizer Generalkonsulat: Mo–Fr 8.30–12 Uhr | 633 3rd Av./zw. 40th u. 41st Street | Tel. 1 212 5 99 57 00 | eda.admin.ch/newyork | Subway S, 4–7 Grand Central | G9*

GESUNDHEIT

Für die USA empfiehlt es sich dringend, eine Auslandskrankenversicherung abzuschließen. Die Notaufnahmen der Krankenhäuser *(emergency room)* sind zwar grundsätzlich verpflichtet, alle Patienten zu behandeln, die zu ihnen kommen. Durchaus üblich ist allerdings, dass vor der ärztlichen Behandlung die Vorlage einer Kreditkarte verlangt wird. Adressen deutschsprachiger Ärzte kennen die Konsulate. Eine gute erste Anlaufstelle mit Filialen in der ganzen Stadt ist *CityMD*, wo du ohne Termin hingehen kannst *(citymd.com)*.

NOTRUF

Polizei und medizinische Notfälle: 911 (kostenlos von öffentlichen Telefonen).

WETTER IN NEW YORK

Hauptsaison
Nebensasion

	JAN.	FEB.	MÄRZ	APRIL	MAI	JUNI	JULI	AUG.	SEPT.	OKT.	NOV.	DEZ.
Tagestemperaturen	4°	5°	9°	14°	21°	25°	28°	27°	24°	18°	12°	6°
Nachttemperaturen	-4°	-4°	0°	5°	11°	17°	19°	19°	16°	10°	4°	-2°
Sonnenschein Stunden/Tag	4	6	7	8	8	10	9	8	8	6	5	4
Niederschlag Tage/Monat	8	7	9	9	8	7	7	7	6	5	8	8
Wassertemperatur in °C	3	2	4	8	13	18	22	23	21	17	11	6

Sonnenschein Stunden/Tag Niederschlag Tage/Monat Wassertemperatur in °C

SPICKZETTEL ENGLISCH

SMALLTALK

ja/nein/vielleicht	yes/no/maybe	jäs/nəu/mäibi
bitte/danke	please/thank you	plihs/θänkju
Gute(n) Morgen!/Tag!/ Abend!/Nacht!	Good morning!/ afternoon!/evening!/ night!	gud 'mohning/ aftə'nuhn/ihwning/ nait
Hallo!/Tschüss!	Hello!/Bye!	hə'ləu/bai
Ich heiße …	My name is …	mai näim is …
Wie heißt du?/ Wie heißen Sie?	What's your name?	wots jur näim?
Ich komme aus …	I'm from …	aim from …
Entschuldige!/ Entschuldigen Sie!	Sorry/Excuse me!	sori/iks'kjuhs mi
Wie bitte?	Pardon?	'pahdn?
Das gefällt mir (nicht).	I love it./I don't like it.	ai laf it/ai dount laik it.
Ich möchte …	I would like to …	ai wudd 'laik tə …

ZEIGEBILDER

ESSEN & TRINKEN

Die Speisekarte, bitte.	The menu, please.	Də 'mänjuh plihs
Könnte ich bitte … haben?	Could I please have …?	kud ai plihs häf …?
Messer/Gabel/Löffel	knife/fork/spoon	naif/fohrk/spuhn
Salz/Pfeffer/Zucker	salt/pepper/sugar	sohlt/'päppə/'schuggə
Essig/Öl	vinegar/oil	'viniga/oil
Milch/Sahne/Zitrone	milk/cream/lemon	milk/krihm/'lämən
mit/ohne Eis/ Kohlensäure	with/without ice/gas	wiD/wiD'aut ais/gäs
Vegetarier(in)/Allergie	vegetarian/allergy	wätschə'täriən/ 'ällədschi
Ich möchte zahlen, bitte.	Could I have the check, please?	kud ai häf Də tschek plihs?
Rechnung/Quittung	check/receipt	tschek/ri'ssiht
bar/Kreditkarte	cash/credit card	käsch/krädit kahrd

NÜTZLICHES

Wo ist …?/Wo sind …?	Where is …?/ Where are …?	'weə is…?/'weə ahr …?
Wie viel Uhr ist es?	What time is it?	wot 'taim is it?
heute/morgen/ gestern	today/tomorrow/ yesterday	tə'däi/tə'morəu/ 'jästədäi
Wie viel kostet …?	How much is …?	'hau matsch is …?
Wo finde ich einen Internetzugang/ WLAN?	Where can I find internet access/ Wifi?	'weə känn ai faind 'internet 'äkzäss/ waifai?
Hilfe!/Achtung!/ Vorsicht!	Help!/Watch out!/ Caution!	hälp/watsch aut/ kahschn
Apotheke/Drogerie	pharmacy/drugstore	'farməssi/'dragstoə
kaputt/funktioniert nicht	broken/doesn't work	'brəukən/'dasənd wörk
Panne/Werkstatt	breakdown/repair shop	'bräikdaun/ri'peə schop
Fahrplan/Fahrschein	timetable/ticket	taimteybl/'tikət
0/1/2/3/4/5/6/7/8/9/ 10/100/1000	zero/one/two/three/ four/five/six/seven/ eight/nine/ten/(one) hundred/(one) thousand	'sirou/wan/tuh/θri/ fohr/faiw/siks/'säwən/ äit/nain/tän/('wan) 'handrəd/('wan) θausənd

NEW YORK FEELING

ZUM EINSTIMMEN & AUSKLINGEN

LESESTOFF & FILMFUTTER

HERE IS NEW YORK

Rund 70 Jahre alt und knapp 50 Seiten lang ist dieser Liebesbrief von E. B. White an New York – besser hat es bisher niemand auf den Punkt gebracht.

OPEN CITY

Eines der besten Bücher über die Metropole. Der nigerianisch-amerikanische Autor Teju Cole beschreibt darin die Stadtstreifzüge von Julius, einem nigerianischen Einwanderer, der sein Psychologie-Studium beendet und sich gerade von seiner Freundin getrennt hat. Atmosphärisch und bereichernd.

DER HAUSBESITZER

Kultkomödie aus dem Jahr 1970 des Regisseurs Hal Ashby über die ganz frühen Anfänge der Gentrifizierung in Brooklyns Park Slope.

THE MARVELOUS MRS. MAISEL

Hauptsächlich auf der Upper West Side gedreht, erzählt diese frisch-freche Serie beim Amazon-Streamingdienst die Geschichte von Miriam Maisel: Die jüdische Hausfrau und Mutter erfindet sich, nachdem sie ihr Mann verlassen hat, im New York der 1950er-Jahre als Stand-up-Comedian neu.

PLAYLIST BIG-APPLE-GROOVE

0:58

JAY-Z & ALICIA KEYS – EMPIRE STATE OF MIND
Die ultimative New York-Hymne

DUKE ELLINGTON – TAKE THE A TRAIN
Der Jazz-Klassiker

JONI MITCHELL – CHELSEA MORNING
Niemand hat die Stimmung dieses Stadtteils je wieder so festgehalten

SIMON & GARFUNKEL – A HEART IN NEW YORK
Vom legendären Konzert im Central Park, macht immer Lust auf die Stadt

ELLA FITZGERALD – MANHATTAN & AUTUMN IN NEW YORK
Mehr als diese beiden Songs braucht man nicht, um die Stadt zu verstehen

ACE FREHLEY – NEW YORK GROOVE
Fängt den NY-Sound perfekt ein

Den Soundtrack zum Urlaub gibt's auf **Spotify** unter **MARCO POLO New York**

Oder Code mit Spotify-App scannen

AB INS NETZ

UNTAPPEDCITIES.COM
Ein junges Ehepaar lässt dich mit dieser Website so richtig tief in die Nischen und Ecken der Stadt eintauchen – und bietet auch gleich passende Führungen dazu an: Erkunde Film-Locations oder schau dir das verlassene Ellis-Island-Hospital an.

HUMANSOFNEWYORK.COM
2010 nahm sich Brandon Stanton vor, 10 000 New Yorker auf der Straße zu fotografieren. Bald darauf begann er, diese Menschen auch zu interviewen. HONY ist längst Kult.

FOODBABY NY
Ob Gurken-Eis, Cronut oder Rainbow-Bagel – New Yorker sind immer auf der Suche nach originellem Essen. Mike Chau hat daraus ein Business gemacht: Gutes Essen, drei süße Kids – macht Hunderttausende Fans bei Instagram. Inspiration für Foodies! *@foodbabyny*

NEW YORK TODAY
Jeden Morgen wissen, was in der Stadt den Tag über so abgehen wird? Dank diesem Newsletter der New York Times kein Problem: *nytimes.com/column/ny-today-daily-briefings*

TRAVEL PURSUIT

DAS MARCO POLO URLAUBSQUIZ

Weißt du, wie New York tickt? Teste hier dein Wissen über die kleinen Geheimnisse und Eigenheiten von Stadt und Leuten. Die Lösungen findest du in der Fußzeile. Und ganz ausführlich auf den S. 20–25.

❶ Wobei hilft den New Yorkern ein *doorman*?

a) Pakete annehmen, Taxi rufen, Tür aufhalten
b) Türen schreinern, Türen reparieren
c) Gibt Flirttipps

❷ Wie heißt das höchste Gebäude New Yorks, das zugleich auch das höchste der westlichen Hemisphäre ist?

a) Das Empire State Building in Midtown
b) Das Chrysler Building in Midtown
c) Das One World Trade Center in Lower Manhattan

❸ Und wie hoch ist das höchste Gebäude in der Skyline der Stadt?

a) 541 Meter
b) 402 Meter
c) 657 Meter

❹ Welcher der fünf Stadtteile New Yorks, der *boroughs*, liegt als einziger auf dem Festland der Vereinigten Staaten?

a) Brooklyn
b) Manhattan
c) Bronx

Lösungen: 1a, 2c, 3a, 4c, 5c, 6b, 7c, 8b, 9c, 10a

Ikonischer Blick von New Jersey auf Lower Manhattan mit dem One World Trade Center

❺ Broadway, Off-Broadway, Off-Off-Broadway – was ist der Unterschied?

a) Wo das Theater liegt, ob am Broadway selbst oder in einer Seitenstraße
b) Mit dieser Unterteilung wird der Erfolg des Stücks angegeben
c) Es ist eine Aussage über die Größe des Theaters

❻ Wohin fliehen wohlhabende New Yorker, wenn die Stadt in der Sommerhitze brät?

a) Nach Kanada
b) In die Hamptons
c) Nach Bermuda

❼ Wo liegt das nördliche Ende von Downtown?

a) Da, wo Manhattan aufhört
b) Am Central Park
c) An der 14th Street

❽ Wo wurde der Hip-Hop erfunden?

a) Manhattan
b) Bronx
c) Queens

❾ Was kannst du an der Bronx Riviera, in Coney Island und in Brighton Beach für New York Außergewöhnliches erleben?

a) Schlittschuhlaufen
b) Ruhe, weil hier nicht viel los ist
c) Am Strand liegen und schwimmen

❿ Heute ist die High Line ein ganz besonderer Park – aber was war sie früher?`

a) Eine Hochbahntrasse
b) Eine Autobahn
c) Ein Teil des Hafens

REGISTER

550 Madison Avenue (Sony Building) **50**, 149
9/11 Memorial 30, **32**, 144
Amagansett 24
American Folk Art Museum 56
American Museum of Natural History 55
Atlantic Avenue 153
Avenue of the Americas 37
Battery Park 30, **34**, 146
Battery Place 145
Beekman Tower 21
Bergdorf Goodman **92**, 149
Bleecker Street 141
Bloomingdale's 93
Boerum Hill 60
Botanischer Garten 64
Bowery 39, 142
Bridgehampton 24
Brighton Beach 67
Broadway 30, **38**, 39, 51, 90, 142, 145
Broadway Musicals 23, **112**, 160
Bronx 18, 63, 64
Bronx Museum 64
Bronx Zoo 63
Brookfield Place 32
Brooklyn 16, 18, 23, 25, 30, **58**, 60, 114
Brooklyn Bridge 16, 21, **30**, 60, 139
Brooklyn Heights 60, 152
Brooklyn Museum 62
Bryant Park 45
Bushwick 18, 59
Canal Street **38**, 139, 142
Carnegie Hall 120
Carroll Gardens 60
Castle Clinton 145
Central Park 17, 30, 48, **51**, 53, 79, 149
Central Park West **55**, 129
Central Park Zoo 52
Chase Manhattan Plaza 146
Chelsea 91
Children's Museum of Manhattan 57
Chinatown **38**, 139, 142
Christie's 48
Christopher Street 41
Chrysler Building 21, 43, **46**
Circle Line 159
City Center 121
City Hall **30**, 144
City Island 23
Columbia University 57
Columbus Circle 79
Comcast Building 48
Coney Island 23, **66**
Cooper Hewitt Museum 54
Culinary Institute of America 67
Dakota Building 55, 149
David Geffen Hall 120
David H. Koch Theater 121
Duane Park 144
Dumbo 60
East Hampton 24
East Village 20, **39**, 143
Ellis Island 22, **35**, 146
Empire State Building 16, 21, 30, **44**, 136
Fifth Avenue 30, **44**, 55, 106, 128, 129, 149
Fire Island 24
First Place 145
Flatiron Building 136
Flushing Meadows **65**
Fraunces Tavern 146
Freiheitsstatue 18, **34**, 137, 145, 160
Frick Collection 52, 150
Governors Island 22, **65**
Gowanus **60**
Grand Central Terminal 43, **46**, 78, 138
Grand Street 142
Greene Street 39
Greenpoint 58
Greenwich Village 25, **39**, 41, 106
Guggenheim Museum 44, **54**, 150
Hamptons 24
Harlem 18, 39, 57, **62**, 83, 122
Herald Square 90
High Line 20, 42, 139
Houston Street 90
Hudson River Park 16
Hudson River Valley 67
Hudson Yards 22, 44, **99**
Hyde Park 67
International Center of Photography 43
Jewish Museum 54
John-F.-Kennedy-Flughafen 154
Joyce Theater 121
Katz's Delicatessen **79**, 139
La-Guardia-Flughafen 155
Lever House 21
Liberty Island 22
Lincoln Center 51, **56**
Little Italy **36**, 38, 142
Long Island 24
Long Island City **64**
Louis Armstrong Museum **64**
Lower East Side 25, **40**, 106, 142
Lower Manhattan 30
Macy's 90, **93**, 129
Madison Avenue **47**, 90, 150
Madison Square Park 136
Manhattan 16, 18, 20, 30, 32, 33, 39, 44, 45, 120, 147, 154
Metropolitan Museum of Art 44, 51, **52**, 150
Metropolitan Opera 51, **121**
Midtown 39, **43**, 90, 106, 155
MoMA PS1 64
Montauk 24
Morris-Jumel-Mansion 63
Municipal Building 144
Museo del Barrio 54
Museum of Art and Design 79
Museum of Chinese in America 38
Museum of Jewish Heritage **34**, 146
Museum of Modern Art **50**, 95, 138
Museum of Sex 44
Museum of the City of New York 54
Museum of the Moving Image 64
Musicals 23, **112**, 160
National Museum of the American Indian **34**, 146
NBC 48
Neue Galerie New York **54**, 150
New Museum of Contemporary Art 15, **39**
New York Botanical Garden 64
New York Hall of Science 65
New York Historical Society 56
New York Public Library 46
New York University (NYU) 140
Oculus 33
Office of the City Clerk 31
Old Merchant's House 42
One World Trade Center 20, 30, **32**, 145
Orchard Street 142
Park Avenue 138
Park Slope 60
Prospect Park 18
Queens 18, **64**, 154, 155
Queens Museum 65
Radio City Music Hall 49
Randall Island 22
Red Hook 60
Rhinebeck 67
Rockefeller Center 44, **48**, 49, 148
Rockefeller Estate 67
Roosevelt Island **22**, 51
Rubin Museum of Art 42
Saks Fifth Avenue **93**, 148
Seagram Building 21
Skyscraper Museum **34**, 146
Snug Harbor 66
SoHo 20, 25, **37**, 141
Sony Building (550 Madison Avenue) **50**, 149
South Hampton 24
South Street Seaport **36**, 146
St John the Divine 57
St Marks Place **42**, 143
St Patrick's Cathedral 48
St Paul's Chapel **33**, 144
Staten Island 18, **22**, 30, 66
Staten Island Ferry 35
Statue of Liberty 18, **34**, 137, 145, 160
Stock Exchange 33, 146
Strawberry Fields **52**, 149
Sylvan Terrace 63
Tenement Museum 40, **42**
Theater District **49**, 106
Tiffany & Co. 44, **101**, 149
Time Warner Center 51
Times Square 16, **49**, 137, 138
Tompkins Square Park 143
Top of the Rock 48
TriBeCa 20, 30, **32**, 38, 51, 128
Trinity Church 145
Trump Tower 50
United Nations 16, **47**
Upper East Side 20, **51**, 90
Upper Manhattan 57
Upper West Side 20, 39, **51**
Uptown 51
Vereinte Nationen 16, **47**
Wall Street 30, **33**, 145, 146
Washington Heights 57, 62

Washington Square **40**, 45, 140
Wave Hill 63
West Chelsea 25
West Village 20, **38**
Whitney Museum of American Art 41
Williamsburg 18, **58**, 76
Woolworth Building 144
World Trade Center 21, 32, 34

LOB ODER KRITIK? WIR FREUEN UNS AUF DEINE NACHRICHT!

Trotz gründlicher Recherche schleichen sich manchmal Fehler ein. Wir hoffen, du hast Verständnis, dass der Verlag dafür keine Haftung übernehmen kann.

MARCO POLO Redaktion • MAIRDUMONT • Postfach 31 51
73751 Ostfildern • info@marcopolo.de

Impressum
Titelbild: Blick vom Rockefeller Center zum Empire State Building (huber-images: S. Kremer)
Fotos: Horsten/Zeltner (171); huber-images: M. Borchi (22, 40), L. Caccarella (55), P. Canali (14/15 (©Wright, Frank Lyoyd), 26/27), F. Carovillano (48/49, 91), C. Cassaro (120/121, 168/169), C. Claudio (143), O. Fantuz (32, 44), Jockschat (12/13), S. Kremer (6/7, 47, 132/133, 138, 158/159, 162), C. Piccoli (58), M. Rellini (17, 42/43, 52, 56, 61, 94, 110/111, 124/125, 153), R. Taylor (25, 67), S. Torrione (116/117); Laif: Heeb (8, 102/103), F. Heuer (139), Linkel (86/87), Sasse (4, 35, 118); mauritius images: S. Pearce (145), Raga (98); mauritius images/age fotostock: R. Levine (93), J. Long (36), A. Patino (126/127); mauritius images/Alamy (38, 57, 73, 74, 78/79, 107), S. Foyt (65); mauritius images/Alamy/Alamy Stock Photos: D. Grandi (9); mauritius images/John Warburton-Lee: M. Falzone (149); mauritius images/Tetra Images (128/129); Schapowalow Images: A. Armellin (21), J. Banks (66), M. Borchi (68/69), O. Fantuz (50), A. Piai (166/167), M. Rellini (2/3, 154/155), R. Spila (Klappe vorne außen, Klappe vorne innen, 1), S. Torrione (63); Schapowalow Images/Lumiere/eStock Photo (77, 81, 100, 108, 115, 122, 152); Schapowalow/eStock Photo: C. Uriops (82/83, 84); Schapowalow/SIME: P. Canali (11), M. Relini (112/113), M. Rellini (157); Schapowalow/Sime/eStock Photo: J. Foulkes (97), S. Torrione (130/131); G. Simeone (10)

23. aktualisierte Auflage 2023

Autoren: Christina Horsten, Felix Zeltner
Redaktion: Jens Bey
Bildredaktion: Gabriele Forst
Kartografie: © MAIRDUMONT, Ostfildern (S. 134–135, 137, 141, 146–147, 148, 151, Umschlag innen, Umschlag außen, Faltkarte); © MAIRDUMONT, Ostfildern, unter Verwendung von Kartendaten von OpenStreetMap, Lizenz CC-BY-SA 2.0 (S. 28–29, 31, 37, 41, 45, 53, 59, 70–71, 88–89, 104–105)
Als touristischer Verlag stellen wir bei den Karten nur den De-facto-Stand dar. Dieser kann von der völkerrechtlichen Lage abweichen und ist völlig wertungsfrei.
Gestaltung Cover, Umschlag und Faltkartencover: bilekjaeger_Kreativagentur mit Zukunftswerkstatt, Stuttgart;
Gestaltung Innenlayout: Langenstein Communication GmbH, Ludwigsburg
Spickzettel: in Zusammenarbeit mit PONS Langenscheidt GmbH, Stuttgart
Konzept Coverlines: Jutta Metzler, bessere-texte.de

Printed in China

MIX
Papier aus verantwortungsvollen Quellen
FSC® C124385
FSC www.fsc.org

MARCO POLO AUTOREN
CHRISTINA HORSTEN & FELIX ZELTNER
sind Journalisten und leben seit 2012 in New York, inzwischen mit zwei kleinen Töchtern. Sie ziehen gerne und oft um – einmal sogar 14 Mal in einem Jahr, durch alle fünf Bezirke der Millionenmetropole. Ihr Wohnexperiment fand international Beachtung, wurde in einem Buch verarbeitet und lieferte viel Inspiration für die Tipps in diesem Band. Kontakt: instagram.com/nyc12x12; christina+felix@stadtnomaden-buch.de; stadtnomaden-buch.de

BLOSS NICHT!

FETTNÄPFCHEN UND REINFÄLLE VERMEIDEN

DENKEN, DASS NIEMAND DEUTSCH VERSTEHT

Viel mehr New Yorker, als man vielleicht meinen könnte, tun es eben doch. Weil sie in Deutschland gearbeitet oder deutsche Vorfahren haben. Lautes Lästern in der U-Bahn oder im Café ist deswegen keine so gute Idee.

OHNE AUSWEIS AUSGEHEN

Bei einigen Sehenswürdigkeiten und den meisten Bars werden konsequent die Ausweise gecheckt, auch wenn du deutlich älter als 21 bist. Am besten immer einen Pass, Personalausweis oder Führerschein dabei haben.

IN FALSCHE TAXIS STEIGEN

Gelbe Taxis fahren bis zur 125th Street in Manhattan, nördlich davon und in den anderen vier Stadtteilen sind grüne Taxis unterwegs. Sie und Fahrservice-Anbieter wie Uber, Lyft und Via sind sicher. Andere Taxi-Angebote solltest du lieber nicht in Anspruch nehmen, sonst zahlst du schnell drauf.

BEIM TRINKGELD KNAUSERN

„Gib' Trinkgeld wie Frank Sinatra", raten Amerikaner einem gerne. Fürstlich soll es also sein, denn in den USA gehören *tips* einfach dazu – und führen häufig zu netten Gesprächen mit guten Stadtentdeckungs-Tipps.

DEM JETLAG NACHGEBEN

Wenn du nachmittags in der Stadt ankommst, am besten kurz frisch machen und dann direkt reinstürzen ins Gewimmel. Und wenn du trotzdem ganz früh aufwachst? Ausnutzen und in einem 24-Stunden-Diner ausgiebig frühstücken.